누구나 쉽게 부처된다

독자 여러분의 만남은 참으로 좋은 인연입니다. 여러분은 이 책을 통해 정신적으로 더 넓은 세상을 경험할 수 있게 될 것입니다. 사실 우리가 동식물이나 날짐승, 물고기로 태어났다면 우리의 고귀한 만남은 없었을 것입니다.

영적 스승들은 인간으로 태어날 확률은 억겁의 세월이 지난 다음에나 가능하다고 합니다. 그럼에도 불구하고 우리는 너무나 운이 좋게도 육신을 받아 태어난 것입니다. 이 얼마나 축복입니까. 우리가 축생으로 태어나지 않고 사람으로 태어났기 때문에 생각하고, 걸어 다니면서 온 세계를 유람할 수 있으며, 눈에 보이는 만물을 이용할 수 있는 능력을 가지게 된 것입니다.

그러므로 우리는 만물 가운데도 가장 축복받은 존재입니다. 우리가 인간으로 태어난 것은 누구 덕분입니까. 바로 부모님, 조부모님, 증조부모님, 고조부모님, 그 고조부모님의 고조부모님 덕분입니다. 조상님들이 오늘의 나를 낳기까지는 수천 년, 수만 년의 세월이 흘렀습니다. 따라서 우리가 조상을 공경하고 예배드리고 제사를 잘 지내야 하는 까닭이 바로 여기에 있는 것입니다.

자, 그러면 인간이 세상에 태어난 목적은 과연 어디 있을까요.

동서고금의 영적 스승들은 한결같이 인간이 육신을 받아 세상에 모습을 드러낸 까닭은 '영혼의 진화' 에 그 목적이 있다고 말

합니다. 그렇다면 영혼의 진화는 무엇이고 영적 성장은 무엇을 의미할까요.

우리 인간은 만물의 영장(靈長), 즉 영을 가진 만물 중에서도 으뜸입니다. 인간이 다른 생물체와 다른 것은 영적인 능력을 가졌다는 점입니다. 사람들은 흔히 물질적인 잣대를 가지고 행복과 불행을 판단합니다. 그러면서도 스스로 영혼의 눈을 뜨고자 노력하는 사람은 많지 않습니다. 사람은 물질적인 존재가 아니라 정신적인 존재, 즉 영적인 존재입니다.

사람이 어떤 환경에서 태어나건 영혼의 눈을 떠 신성(神性)을 발휘할 기회는 누구에게나 공평하게 주어져 있습니다. 신성은 우리 내면에 깊숙이 자리잡고 있습니다. 그러나 사람들은 그것을 모릅니다. 신성은 우리가 의식하던 하지 않던 간에 우리 안에 갖추어져 있습니다.

인도의 우파니샤드 경전은 "신은 인간 속에서 사유한다."고 가르치고 있습니다. 사유하는 것은 인간의 뇌가 아니고 신이 하는 것입니다. 신은 인간뿐 아니라 만물 속에 깃들어 있습니다. 만물 가운데서도 자신 속에 신이 있다는 것을 알 수 있는 존재는 인간뿐입니다. 왜냐하면 인간은 사유하는 신이기 때문입니다.

사실 신의 본체는 우주의 영혼, 또는 우주정신, 우주지성이라고 볼 수 있습니다. 그러므로 우주 자체는 거대한 사유체(思惟體)이기도 합니다. 또한 인간은 신의 본체인 우주정신의 일부이기도 합니다. 우리가 수행을 하는 까닭은 우주와 내가 하나임을 깨닫는데 있습니다. 우주는 하느님이요, 거대한 신 그 자체입니다.

영혼이란 살아 있는 사람의 경우 고도의 정신세계를 일컫습니다. 그러니까 '영혼의 진화'나 영적 성장이라는 말은 바꾸어 말하면 '의식혁명'이라고 할 수 있습니다. 우리의 의식은 몸에 달린 뇌의 작용에 따라 움직이지만 몸이 곧 의식은 아닙니다. 몸은 영혼이 머무르는 신성한 곳이기는 하지만 영혼은 몸에 의존하지 않고 독립적으로 존재합니다. 다만 영혼은 육체를 터로 하여 성장해 나갑니다.

영혼이 몸에 거주할 때 그것을 우리는 마음이라고 부릅니다. 마음은 눈에는 보이지 않지만 '비물질적 실체'로 존재합니다. 마음은 인간에게 무형의 주인입니다. 모든 종교가 마음을 소중히 여기는 까닭은 마음이 자기의 참 주인이기 때문입니다.

그렇다면 참 주인의 실체는 무엇일까요. 그것은 바로 '참 나'인 진아(眞我)입니다. 우리가 평생을 통해 찾으려고 하는 진짜 보물은 바로 진아인 것입니다. 진아는 바깥 세계에 있는 것이 아니라 내 속에 있습니다. 진아는 내가 있다고 주장하는 아상(我相)을 가진 그런 세속적인 존재가 아닙니다.

세상에는 도대체 '나'라고 내세울 만한 것이 없습니다. 나에 대한 모든 집착에서 벗어나 더 이상 놓아버릴 것이 없는 경지에 이르면 '참 나'의 모습이 드러납니다. 내가 태어나 살아오면서 두뇌에 입력된 정보들에 의해 형성된 자아는 결코 진정한 '나'가 아니라 상념체에 불과합니다.

이 세상에 물들기 이전의 어떤 가식도, 어떤 선입견도 없는 순수한 신의 모습이 나의 진면목인 것입니다. 그 순수한 '나'를 되찾는 과정이 영적 성장이요, 영혼의 진화인 것입니다.

이 책은 내 속의 하느님과 부처를 찾는 데 도움을 주고자 쓴 것입니다. 그것을 찾기 위한 구체적인 수행방법을 제시했습니다. 부디 이 책을 꼼꼼히 읽으시고 나 자신 안에 깃들어 있는 '참 나'를 발견해 영원한 행복을 누리시기 바랍니다.

2006년 6월
아차산 관음사에서
춘목(春牧) 김건이(金健二) 드림

至誠感天　宇宙一體

恩坡

●우아일체(宇我一體)
해설=우(宇)는 우주, 아(我)는 너, 일체(一體)는 한몸, 즉 우아일체는
우주와 나는 한몸이라는 뜻이다.

●지성감천(至誠感天)
지(至)는 이를지, 성(誠)은 정성 성, 즉 모든 일에 지극정성을 다하면
하늘도 감동하여 반드시 이루어지도록 돕는다는 뜻이다.

금언옥어

1, 파도는 바다에서 생겼다. 물거품은 물 안에서 생기고 물 안에서 사라진다. 사람 또한 신에 속하고 신과 함께 있으며, 신에게서 나와서 신에게로 돌아간다. 인간은 물의 거품이고, 신은 바다이다. 물 없이 어찌 물거품이 생기겠는가.

신은 모든 사람의 마음에 있다. 그대 신으로부터 용기와 영감을 끌어내라. 신은 당신의 진보에 가장 관심이 많은 영적인 도사이다.

2, 지식인은 지식으로 세상을 보려하고, 돈 많은 사람은 돈으로 세상을 보려한다. 지식과 돈이 많다는 것은 자신의 감옥이 그만큼 크다는 뜻이다.

3, 모든 경전에는 해야 할 것과 해서는 안 될 것들에 대해 눈이 아프도록 기록되어 있다. 그러나 가장 귀중한 단 한 마디의 말

은 결코 기록되지 않았다. 그것은 그대 속에 있다. 그대 가슴 가장 깊은 곳에 있다.

4, 꿈은 '있다' '없다' 는 있되 가고 옴은 없다. 그대 또한 그와 같다. 깨닫고 보면 모든 것이 여래(如來)이며 오감이 없는 것이다.

5, 기도는 종교의 전유물이 아니다. 기도는 우주가 모든 인간에게 베푸는 아주 귀중한 선물이다. 전화기를 사용하기 위해서는 전화선과 전기가 들어와야 한다. 기도를 할 때도 진실된 믿음과 사랑으로 할 때 그것이 전력 구실을 한다. 기도가 응답을 받지 못한다면 전기가 들어오지 않는 전화기에 대고 하는 것과 같다.

6, 데카르트 이후 근대사상은 분석이란 도구를 사용한 합리성이라는 신앙사상으로 바뀌었다. 합리성은 지(知)의 세계(世界)다. 지의 세계 너머에는 신(信)의 세계(世界)가 있다. '신의 세계' 는 '지의 세계' 가 확인하지 못하는 인간의 인식 범위를 넘는 확인되는 세계인 것이다.

7, 인간의 마음은 물질처럼 입자와 파동으로 되어 있다. 입자적 마음을 가진 사람은 마음이 굳어져 있어 융통성이 없다. 마음이 파동적인 사람은 그 파동의 크기만큼 생각하는 세계도 넓어진다. 입자적 자아에서 파동적 자아를 가질 때 우주적인 힘을 갖게 된다. 파동적 자아는 진아적 자아다.

8, 인간을 창조한 하느님은 끊임없이 우리를 재창조하신다. 만일 그대가 그대 속의 영적인 거인을 사용한다면 하느님은 우리에게 새로운 활기와, 용기, 재창조의 에너지를 불어넣어 주신다.

9, 과거의 문을 닫고 미래의 문을 열어야 한다. 과거는 지나가고 없는 것이다. 과거의 사슬에 얽매여 있으면 결코 깨달음을 얻을 수 없으며 행운도 등을 돌린다.

10, 기도는 혼을 다하여(with all my soul), 마음을 다하여(with all my mind), 온 힘을 다하여(with all my strength) 정성을 들여야 한다. 올바른 기도법은 모든 곤란한 문제와 시련을 없애달라기보다는, 그것을 이겨 낼 수 있는 용기를 달라고 신에게 비는 것이다.

11, 인류는 그동안 사랑의 이름으로 얼마나 사랑을 말살시켰으며, 자비의 이름으로 얼마나 자비를 파괴했고, 어짊(인=仁)의 이름으로 얼마나 어짊을 짓밟아 왔던가. 이제 종교는 사랑의 말살, 자비의 파괴, 어짊의 유린에서 벗어나 그 사상과 진리를 화기에 화일(和一)시켜야 한다.

12, 사람들은 세상살이를 고해라고 한다. 고해는 끝이 없으나 고개를 돌리면 곧 피안이다(苦海無邊 回頭是岸). 피안은 어디에 있는가. 고개를 돌릴 필요도 없다. 현재가 바로 피안이다. 일체를 놓아 버리면 바로 거기에 피안이 있는 것이다.

13, 초월이란 무엇인가. 모든 것을 뛰어 넘은 경지다. 언제 어디에 살든 그 어떤 것에도 집착하지 않는 것이 진정한 초월이다. 삶 전체를 받아들이면서 어떤 삶에도 미련을 갖지 않는 것이다.

14, 자기 마음에 있는 장벽은 누구도 깨뜨리지 못한다. 어떤 일을 할 수 없다고 생각하면 결코 그 일은 할 수 없는 법이다. 2002

년 월드컵 축구경기 때 '꿈은 이루어진다' 는 한국 4강 신화도 모든 국민이 마음으로 '할 수 있다' 고 믿었기 때문이다.

15, 슬픔, 분노, 실패, 고통과 같은 과거에 경험했던 그 과거의 장벽을 허물어라. 과거에 얽매이는 것은 곧 감옥이다. 과거에서 탈출하면 신천지가 열린다. 과거의 상처에 연연하면 미래가 막혀 버린다. 과거의 생각을 털어버려야 하느님이 인생의 진로를 바꾸어준다.

16, 인간은 마음에 품은 이미지 이상으로 성공할 수 없다. 스스로 자기 가치를 낮추는 사람은 하늘도 돕지 않는다. 나를 돕는 하느님의 생각으로 마음을 채워라. 마음으로 믿지 않으면 좋은 일은 절대 일어나지 않는다. 적은 '결코 안 된다' 는 우리 마음속에 있다.

17, 우리 인생에 기적을 일으키는 원동력은 남의 믿음이 아니라 자신의 믿음이다. 하느님의 능력을 이끌어내는 것은 우리의 믿는 마음이다. 하느님은 호흡보다도, 손발보다도 더 가까이에 있다. 그리고 '하느님' 이라는 말 속에는 생명과 에너지가 가득 차 있다. 성경이 생명력과 불멸성을 갖는 까닭은 그 안에 수없이 기록된 하느님(God)이라는 말 때문이기도 하다. 성경은 '하느님' 이라는 말이 갖는 진동의 힘 때문에 위력을 갖는 것이다.

18, 마음의 즐거움은 얼굴을 빛나게 하지만, 마음의 근심은 심령을 상하게 한다. 늘 기쁨을 생각하라. 기쁨을 말하라. 기쁨을 나누어라. 그대 마음에 기쁨을 가득 채워라. 그러면 당신은 기쁨이 가득한 생활을 하게 될 것이다.

19, 부처의 불상은 부처와 우리의 관계를 시각화한 것에 불과하다. 따라서 불상을 향해 절하는 것은 내 안의 불성, 즉 하느님을 향해 절하는 것이다. 우리가 불상에 절을 할 때는 그 모양이 어떻든 간에 자기 내면의 부처를 상상하며 절을 해야 하는 것이다.

20, 내 안의 나를 찾으면 찾은 그것이 나를 구원하고, 내 안의 나를 찾지 못하면 찾지 못한 그것이 나를 파멸시킬 것이다.

21. 이익의 한 순간을 위해 전체를 그르치지 말며, 위치와 자리를 위해 땅 위에 피를 부르지 말 것이며, 쾌락의 오늘을 위해 종말의 내일을 만들지 말아야 한다.

22, 티베트 속담에 "내일과 내생(來生) 중 어느 것이 먼저 찾아올지 우리는 결코 알지 못한다."는 말이 있다. 어제는 이미 없다. 내일은 아직 오지 않았다. 오로지 현재만이 있을 뿐이다. 그러므로 현재 최선을 다하라.

23, 하느님을 명확히 깨닫기 전에는 가슴 깊이 결코 채워지지 않는 그 무엇이 있다. 하느님을 찾는 간절한 부르짖음은 고향을 그리워하는 마음에서 나온다. 인간의 가장 큰 소원은 하느님을 아는 것이다.

24, 인간에게는 두 가지의 잠재의식을 갖고 있다. 즐거웠던 기억과 불행했던 기억이다. 불행의 파일은 접어두고, 즐거움의 파일만을 열어야 미래가 보인다.

25, 마음에 독을 품었거든 제발 독을 제거하고 과거를 잊어버려라. 독을 품고 살아가면 오히려 자신이 다친다. 원망과 분노는 용서

로 풀어야만 독에서 벗어날 수 있다. 용서는 자신을 위한 것이다. 진정한 자유는 용서하는 데서 얻을 수 있다. 달라이 라마는 용서함으로써 행복을 찾았다. 마음의 독과 응어리를 풀지 않으면 결코 행운은 찾아오지 않는다는 것을 알아야 한다. 해원상생(解冤相生)이라는 말은 원한을 스스로 풀어야 상생할 수 있다는 뜻이다.

26, 하늘에 기도하기 전에 먼저 자신의 태도를 바꾸라. 자신의 마음속 깊이 진정한 하느님의 심정으로 변한 뒤 기도하면 반드시 하느님이 도와주신다. 건성으로는 아무것도 이루어지지 않는다.

27, 복을 받으려 하지 말고, 자신이 복의 통로가 되는데 더 마음을 두라. 아무리 작은 것이라도 남에게 베푸는 선의 열매는 결국 자신에게 되돌아오도록 되어 있다. 그것이 복의 씨앗(복전=福田)을 뿌리는 길이다. 남에게 베풀되 베푼다는 생색을 내서는 아니 된다. 불교 용어로 무주상보시(無住相布施)가 진짜 보시다. 잠언(11장 24절)에도 "구제를 좋아하는 자는 풍족하게 되리라. 남을 윤택하게 하는 자는 스스로 윤택하여지리라." 했다.

28, 항상 즐거워하라. 즐거운 마음을 가져야 삶 속에서 기적이 일어난다. 항상 웃는 사람에게서는 몸속의 암 세포를 죽이는 '자연 살해 세포' (natural killer cells)가 형성된다.

29, 하늘은 잠시도 쉬지 않고 우리를 주시한다. 작은 실수가 우리를 천국에서 멀어지게 할 수 있다. 국민적인 영웅이 하루아침에 최고의 지위에서 떨어지는 것도 작은 실수에서 비롯된다. 한국 국민은 2005년 말 '줄기세포 논쟁' 에서 그것을 확인했다.

30, 마음은 컴퓨터 화면과 같다. 그 속에 어떤 소프트웨어를 넣는가에 따라 화면은 다르게 나타난다. 마음을 정화하라. 그리고 긍정의 마음을 소프트웨어에 심어라. 그러면 화면에 그대로 나타날 것이다.

31, 신은 인간의 근본적인 성질이다. 인간은 본래 신이다. 신의 분신인 인간의 영혼이 육체를 가지고 환생해 온 목적은 그 환생에 의해 과거의 나쁜 업을 깨닫고 참회하여 거듭나기 위해서이다.

32, 인간은 1초도 쉬지 않고 우주의 메시지를 받으면서 살아간다. 우리 안의 신은 우리가 우주와 따로 떨어진 존재가 아니라 하나임을 일깨워 준다. 그런데도 사람들은 그것을 모르고 살아간다.

33, 나는 우주의 한 조각이고, 그 한 조각인 나 또한 우주이기도 하다. 인간이 하나의 잎이라면 우주는 인간의 본체인 것이다. 그래서 인간은 소우주인 것이다. 우주에는 오직 하나의 거대한 영혼만이 있다. 그것이 바로 하느님이요, 신이다.

34, 인간은 3개의 집을 가지고 있다. 하나는 가족이 사는 집이고, 두 번째는 영혼이 깃들어 사는 육체라는 집이다. 셋째는 모든 생명의 근원인 우주라는 집이다. 육체의 죽음은 우주라는 영원한 고향으로 귀향하는 여행이다.

35, 우주인 신은 항상 우리가 하는 말을 듣고 있다. 따라서 속마음으로 하는 혼잣말에도 주의하라. 신은 모든 곳에 존재한다.

36, 어떤 사람은 영혼을 경이롭다고 말한다. 말을 가지고는 영혼의 경이로운 존재를 이해하기는 어렵다. 영혼은 온 누리의 모든

것 속에 다 존재한다. 각 존재에 내재해 있는 개체영혼은 절대영혼의 한 조각이다. 개별영혼(불티)은 영혼의 발원지인 절대영혼(거대한 불길)과 분리돼서는 안된다. 우리의 개별영혼이 절대영혼과 분리되는 순간 물질 차원으로 방황하게 된다.

37, 말을 할 때는 장소와 때를 가려라. 그렇게 하지 않으면 히트곡도 소음이 된다. 또한 입에서 나오는 대로 지껄이지 말라. 채로 거르듯 곱게 말해도 불량률이 생기게 마련이다. 말을 할 때 감정을 섞어 넣으면 결코 상대를 설득할 수 없게 된다.

38, 상대방의 말을 끝까지 들어 주어라. 말을 가로채면 돈을 빼앗긴 것보다 더 기분 나쁘다. 그리고 말을 할 때는 편집하여 말하라. 분위기에 맞게 넣고 빼면 말 자체가 차원 높은 예술이 된다.

39, 우리가 한 번 밖으로 내보낸 말은 생명처럼 살아 움직여 남에게 큰 상처를 줄 수도 있고 위로를 줄 수도 있다. 그러므로 말에는 늘 덕(德)을 달아 덕담과 축복의 말을 해야 한다.

40, 말에는 메아리의 효과가 있다. 자신이 한 말은 자신에게 가장 큰 영향을 미친다. 말은 씨가 된다. 말을 하기 전에 먼저 어떤 씨앗을 뿌리고 있는가를 생각하라. 말을 할 때는 언제나 자신있게 말하라. 기어들어가는 소리는 임종할 때 쓰는 말이다.

41, 80%는 듣고, 20%만 말하라. 칭찬은 공개적으로 하고, 잘못은 남몰래 개인적으로 지적하라. 그래야 상대방의 체면을 세워주게 된다. 칭찬과 격려는 놀라운 능력을 발휘하게 한다.

42, 생각의 방향을 바꾸면 인생이 바뀐다. 그렇게 생각하면 진짜

그렇게 된다. 긍정적으로 생각하면 일이 잘 풀릴 것이요, 부정적으로 생각하면 될 일도 잘 되지 않는다. 할 수 있다고 생각하면 할 수 있을 것이요, 할 수 없다고 생각하면 결코 이루어지지 않는다. 생각을 긍정적으로 바꾸는 것만으로도 기적이 일어날 수 있다.

43, 영혼은 본래의 나, 본래의 나는 영혼이다. 영혼은 또한 나의 본성이다. 영혼은 영원히 존재한다. 그 영원한 존재에 무관심함으로써 고통과 번뇌가 시작되는 것이다.

44, 만물은 서로가 서로에게 봉사하는 아름다운 공동체를 이루고 있다. 우주라는 공동체 안에서 상호의존과 먹이사슬을 이룬다. 모든 생명은 궁극적으로 유기적인 전일체(全一體)다. 그러므로 인류 또한 화기의 하느님과 결합된 거대한 하나(Great One)이다.

45, 우주에는 오직 하나의 의식인 우주의식만 있을 뿐이다. 그대의 의식은 우주의식의 점이다. 그대 의식은 우주에 편재해 있는 우주의 창조의식과 떨어져 있을 수가 없다. 그대 의식이 진아로 바뀔 때 그대는 우주 움직임의 중심에 있게 되며, 온누리의 모든 힘과 직접 연결되는 큰 존재가 되는 것이다.

46, 교육은 겸허함과 규율을 배양해야 하는 것인데, 현대 교육은 자만심과 질투심만을 배양시키고 있다. 교육제도 자체도 사람들을 이기적으로 만들고 있다. 교육은 선악을 식별하는 힘을 길러주는 것이어야 한다. 식별력이 없는 인간은 동물만도 못하다. 인격을 가르치지 않는 교육, 인간성을 가르치지 않는 과학, 도덕성이 없는 경제활동은 쓸모가 없을뿐 아니라 오히려 국가사회에 해

악을 끼칠뿐이다.

47, 자석에 바늘이 붙지 않는 까닭은 바늘에 먼지가 덮여 있기 때문이다. 신이 신자에게 가까이 오지 않는 까닭은 신자의 마음이 신에게 어울릴 만큼 정화되지 않았기 때문이다.

48, 명상을 함에 있어서 중요한 것은 자기 자신이 신의 영이고, 자기 앞에 태양영(太陽靈)이 있으며, 그 태양영으로부터 신의 무한 에너지가 흘러들어온다고 생각하는 것이다. 자기와 신은 일체이고, 따라서 자기는 신인 우주의 에너지를 언제나 받고 있다고 믿는 것이 중요하다.

49, 인도 경전 '바가바드 기따' 는 "모든 존재는 본래 있었던 곳으로 되돌아가려는 성질이 있다. 즉 인간은 신으로부터 오고, 신에게로 되돌아가려는 성질이 있다."고 가르친다. 하루를 기도로 시작하라. 그리고 마음 속에 하느님에 관한 생각들로 가득 채워라. 그러면 어떤 어려움도 사라지고 행복한 하루가 될 것이다.

50, 남에 대한 봉사는 상대에게 존경하는 마음으로 해야 한다. 그렇게 하는 것이야말로 자기에게 내재되어 있는 신성을 인식하는 최선의 방법이다. 자아를 없애는데 가장 좋은 훈련은 봉사이다. 이틀의 봉사는 2개월간의 명상보다 훨씬 좋은 것이다. 봉사는 가능하면 가정, 직장과 같은 가까운 곳에서 시작해 이웃, 사회, 국가로 넓혀나가는 것이 순서이다.

1

진정한 메시아는 누구인가

타락은 육신의 욕망 때문이었다

인간은 본래 하느님 모습으로 지어졌다. 선과 악이라는 속성도 없었다. 그야말로 스스로 그러한 자연인으로 태어났다. 그러나 인간은 태어나 자라면서 자신도 모르게 세속에 물들고 말았다. 세속에 물들었다는 것은 몸을 다스려야 할 마음이 오히려 육체의 욕망에 지배당하고 있다는 뜻이다. 몸과 마음은 한통속이면서도 항상 대립하고 충돌한다.

마음은 육신의 주인이다. 그러면서도 육신의 욕망을 다스리지 못한다. 그것이 세속적인 삶이다. 이브가 선악과를 따먹은 것도 육신의 욕망을 이기지 못했기 때문이다. 선악과는 천사장과의 불륜을 말한다. 인간 타락의 시초는 바로 육신의 욕망 때문이었다.

인간에게는 선을 지향하는 본심(本心)과 악을 따르는 사심(邪

心)이 늘 충돌한다. 선을 추구하는 본심이 이겨야만 하늘마음이 될 수 있다. 세상에 기록된 모든 경전은 한 마디로 사심에 빠지지 말고 '선하게 살아라.' 라고 권고하고 있는 것이다.

니체가 '신은 죽었다.'고 주장한 것도 정신과 이성은 사라지고 물욕과 성욕만을 추구하는 괴물들의 집단이 세상을 지배하는 현대의 시대상을 간파했기 때문이다.

인간의 마음은 오욕(五慾)으로 가득 차 있다. 그 마음을 저 하늘, 화기 속으로 비워버려야 한다. 마음이 오욕으로 꽉 차 있으니 괴롭고 슬프지 않을 수 없는 것이다. 마음이 가난하고 청결한 사람, 속이 텅 비어 있는 사람, 이기심을 완전히 놓아버린 사람만이 자기 속에 하느님을 담을 수 있다.

하늘마음은 언제나 고요하고 평화롭다. 세속에 물든 사람의 마음은 늘 번뇌에서 벗어나지 못해 하늘을 능멸하는 짓만 한다. 천국은 하느님의 뜻대로 사는 사람에게만 열리게 되어 있다. 그렇다면 하느님은 어떻게 만날 수 있는가. 마음으로 만나는 것이다. 마음이 어떠할 때 하느님을 만날 수 있을까. 마음이 파란 하늘처럼 밝고 깨끗할 때, 그때 비로소 하느님을 만나게 된다.

단군삼경에는 "하늘과 땅 사이에 가장 큰 근본은 내 마음의 중심에 존재하는 하나, 즉 하느님이다.(天下大本在於吾心之中也)"라고 했다. 천사의 마음이라야 내 속의 하느님이 드러나는 것이다.

인간은 왜 태어났나

인간은 누구나 영생하고 싶은 소망을 갖고 있다. 그러나 영원의 세계는 그 세계와 인연이 닿을 수 있는 영성을 계발해야 도달 가능한 세계다. 짐승에게는 영생을 생각하는 영성이 없다.

인간이 영성을 갈고 닦을 수 있는 기회는 육체를 가졌을 때만이 가능하다. 인간이 스스로 구원받기 위해서는 영성 계발을 위해 부단히 노력하지 않으면 안 된다. 세상에 종교가 나타난 것도 인간에게 영적인 성숙을 깨우쳐 주기 위해서다. 과학이 아무리 발달하더라도 신의 영역인 영의 세계를 결코 완전히 풀어낼 수가 없다.

우리 몸에 신성이 빛나고 진리가 약동하고 있다는 확신이야말로 영적 성숙의 출발점이 된다. 신성의 존재를 믿지 않는 사람은 내 속의 신을 결코 발견하거나 활용할 수 없다.

언제까지 하느님을 마음으로 모시기만 해야 하는가.

스스로 하느님이 되어 하느님의 마음으로 살아가는 것이 인간의 삶의 목표다. 성인들은 모두 인간으로 태어나 보통 사람보다 먼저 신성을 발견할 수 있는 감각을 회복한 분들이다.

어리석은 자는 신을 섬기고 지혜로운 자는 신을 활용한다.

인류 한 사람 한 사람이 지향해야 할 마지막 목표는 신, 즉 우주와 한몸이 되는 것이다. 역사상 수많은 선지자들이 표현을 달리하면서 인류에게 깨우쳐 주고자 했던 것은 바로 '너 자신이 신임을 알라.' 는 것이었다.

사회 심리학자 에리히 프롬은 "신은 우리가 내면에서 경험할 수 있는 가장 높은 가치의 상징이다."라고 강조했다.

인간의 창조 목적은 하느님의 뜻을 이루기 위한 것이다. 세속적인 의미에서 보면 사람이 살아가는 목적은 크게 세 가지다. 첫째, 인격완성이다. 참된 인간이 되는 것이다. 참 자아를 찾는 일이다. 둘째, 행복한 가정을 꾸미는 것이다. 결혼을 하지 않으면 인류는 멸망해 버릴 것이기 때문이다. 이 세상에 비구와 비구니, 신부와 수녀만이 있다면 인류는 백년 안에 멸종되고 말 것이다. 셋째, 평화로운 지상천국을 건설하는 것이다.
여기서 인간이 가장 먼저 추구해야 할 것은 인격완성이다. 인격완성이란 홍익인간을 말한다. 사람들을 널리 이롭게 하는 사람이다. 나는 왜 태어났으며 이 몸은 무엇을 위해 존재하는가를 곰곰이 생각해 보자. '내 마음 나도 몰라.' 만을 되풀이하다가 세상을 하직한 사람이 가장 불행한 사람이다. 의식의 문을 열고 참 자아, 즉 내 안의 신을 확인할 때 진정한 행복이 오는 것이다.

훌륭한 인격은 나를 비우고 버리는 데서 출발한다. 자아 소멸은 인격 완성의 지름길이다. 마음에서 거짓 나에 대한 집착을 끊어야 한다. 내가 살아 온 삶은 진정한 나의 삶이 아니었다. 오욕 덩어리의 삶, 이기적인 삶이었다. 자기라고 하는 에고를 털어버려야 한다. 과거에 대한 집착을 내 머릿속에서 완전히 지워버려야 한다.

머릿속의 모든 기억의 알맹이들을 지워야 한다.

선(善)은 인간의 중심에 존재하는 하느님의 근본적인 모습이다. 따라서 선이 인간의 중심에서 깨어나지 않는 한 인간은 인간으로서의 존엄함을 알지 못한다. 에고를 털어 버릴 때 선함이 나타난다.

화기를 알아야 깨달음으로 간다

화기란 무엇인가. 국어사전의 의미로는 따스하고 화창한 기운, 또는 온화한 분위기를 말한다. 그러나 여기서 말하는 화기(和氣)는 (정확한 단어는 아니지만) 영어의 에테르(ether)와 비슷하다. 화기는 지구를 둘러싼 대기권을 포함한 온 우주의 진공상태 일체를 일컫는다. 따라서 화기를 영어로는 'wha-gi'라고 해야 옳다.

화기는 우주의 모든 생명체와 은하계를 살려주는 우주 생명의 근원이자 진리 그 자체를 말한다. 수많은 은하계 천체(天體=heavenly body)들의 표면을 둘러싸고 있는 기운이 화기다. 우주만물은 화기 속에서 질서정연하게 쉬지 않고 움직인다. 우주를 떠받쳐 주는 근본이다. 과학자들은 우주를 이루는 근본 물질이 무엇인가를 알기 위해 지금도 연구에 골몰하고 있지만 그 정체를 파헤치지는 못하고 있다.

그러나 진리의 세계에서는 우주의 근본 물질을 화기(和氣)라고 칭한다. 화기는 한 마디로 지구를 둘러싸고 있는 대기권을 포함해

1000억 개가 넘는 은하계를 감싸고 있는 진공 일체를 일컫는다. 지구, 달, 별, 해와 모든 은하계가 화기 속에서 조화롭게 움직이고 있는 것이다.

화기는 육안으로는 결코 보이지 않는다. 무한히 있되 없고, 없는 가운데 무한히 존재한다. 없어지지도 않으며 어디서 생겨나지도 않는다. 불생불멸(不生不滅)이다. 늘지도 줄지도 않는 부증불감(不增不減)이다. 그렇다고 더럽지도 깨끗하지도 않는 불구부정(不垢不淨)의 존재다. 비물질적이면서도 무한히 존재(being)한다. 따라서 화기는 우주를 하나로 연결시켜주는 끈인 것이다.

화기는 우주만물을 살려 주는 생명의 근원이다. 잡아도 잡히지 않으며 하늘에 떠있으면서도 떨어지지 않는다. 아니 미치는 곳이 없으며, 아니 스며드는 곳이 없다. 화기는 과학자들이 발견한 가장 작은 물질 뉴트리노보다도 작으며, 우주의 모든 은하계를 포용하고도 남는다. 그래서 원효대사는 득도한 후 이것을 크고 위대하다는 뜻으로 마하(摩訶)라고 불렀다.

화기는 만물이 흩어져 돌아가는 마지막 종착지이다. 인간이 죽어서 돌아가야 할 곳도 화기 속이다. 화기로 이루어진 우주는 영원불멸하는 하나이며 일체 모든 것이다. 이것을 종교에서는 하느님, 하나님, 붓다, 알라, 야훼, 브라흐만, 한울림 등으로 부른다. 전지전능하기 때문이다. 화기는 거룩하고 신성하며 영원무궁한 하느님 자리인 것이다.

화기 우주는 항상 얼이 살아서 생기가 넘쳐흐른다. 화기는 생명의 시초인 알파 호흡부터 오메가 호흡까지 모든 생명의 한살이를 좌우한다. 화기는 모든 존재를 하나로 거느리고 있다. 화기의 들숨, 날숨이 없으면 만물은 멸망한다. 화기의 진리를 알아야 본성을 깨닫는다.

나를 태어나게 한 것은 하늘이다. 나를 먹여 살리는 것도 하늘이요, 나를 마지막으로 품어주는 것도 하늘이다. 내 생명의 뿌리는 하늘에서 왔다. 하늘은 먼저 우리의 코로 들어온다. 숨을 쉬지 않으면 우리는 한순간도 살 수 없다. 화기는 '숨겨진 질서' 영역의 근원적인 힘이다.

하늘은 인간 속에 어떻게 내재하고 있는가. 참마음으로 존재한다. 깨닫고 보면 인간의 마음은 하늘마음이다. 마음은 하늘의 씨앗이다. 어떤 번뇌와 고통에도 흔들리지 않는 마음이 하늘마음이다. 하늘마음은 참마음이다. 참마음은 허공과 같아서 불생불멸이다.

마음은 우주의 주인공이요, 천지만물의 어머니이다. 흔히 사람들이 생각하는 마음은 진짜 마음이 아니고 번뇌 망상이다. 모든 것은 마음먹기에 달렸다고 하는 일체유심조(一切唯心造)조차도 사실은 번뇌하는 마음이다. 마음으로 무엇을 한다는 생각조차 없어야 하는 것이다.

인간은 결코 허공을 떠나서는 잠시도 존재할 수 없다. 그렇다면 나는 누구인가. 허공이요 우주다. 우주 허공은 그냥 허공이 아니고 생명을 가진 허공이요, 지혜를 가진 허공이다. 아무 것에도 집착하지 않는 그런 지혜를 가진 허공심이 바로 우리의 진짜 마음, 즉 진아인 것이다.

민족 3대 경전에 나타난 화기 이야기

화기에 관한 이야기는 이미 인류역사에 오래 전부터 등장한다. 그럼에도 경전을 읽는 사람들은 그것이 무슨 뜻인지 모르고 살아왔다. 먼저 우리 민족의 3대 경전인 「참전계경」, 「삼일신고」, 「천부경」 등에는 화기 이야기가 자주 등장한다.

6000년 전 경전인 「삼일신고」(三一神誥) 첫 머리에는 "저 파란 창공은 하늘이 아니며 저 먼 허공이 하늘이 아니다. 하늘은 형태도, 질량도, 바탕도 없으며 시작도 끝도 없다. 상하와 사방 둘레도 없는 허허 공공이니라. 하지만 비어 있는 듯하나 두루 꽉 차 있어서 어디에든 존재하지 않는 곳이 없고, 무엇이든 싸지 않은 것이 없다."고 하늘의 실체를 이야기하고 있다. 즉 무부재(無不在=없는 데가 없고), 무형질(無形質=형태나 얼굴도 없고), 무포용(無包容=포함하지 않는 것이 없다)하다고 설명해 놓고 있다.

원효 스님도 그의 저서 「대승기신론소」에서 "이것을 크다고 할까 아니 미치는 곳이 없으며, 이것을 작다고 할까 아니 스며드는 곳이 없다."고 해서 '마하'(摩訶)라고 했던 것이다. 원효 대사는 부연 설명하기를 "그것은 깊고도 고요하고 맑고도 평화로운 것이니, 깊고 또한 맑거늘 어찌 그 모양을 말할 수 있으랴. 크다고 하자니 아무리 작은 것에도 능히 들어가고, 작다고 하자니 어떠한 큰 것이라도 감싸는 도다. 있다고 하자니 그 모습이 한결같이 텅 비어 있고, 없다고 하자니 만물이 이로부터 생겨난다네."라고 읊었다.

마하심(摩訶心)

무엇이라고 딱 잘라 말하자니 맞지 않는 그것을 설명하기란 참으로 어렵다는 뜻이기도 하다. 이것을 마음에 비유하자면 본래 마음인 마하심(摩訶心)인 것이다. 마음은 대우주를 담고도 남을 만큼 크면서도 또한 섬세하다. 그래서 허공과 같이 일체의 현상계를 다 포용할 수 있는 것이 마하심인 것이다.

불교에서 말하는 '우주 대법계'와 하나 된 마음이 마하심이요, 우리 인간의 영원한 생명, 무한한 행복의 마음자리인 것이다. 우리의 분별이나 생각으로는 알 수 없는 마음자리, 즉 절대적인 그 마음을 마하심이라고 하는 것이다.

마하심에 대해 중국의 육조 혜능(慧能)대사는 「육조단경」이라는 책에서 "마하는 대(大)이다. (참고; 마하는 크다, 위대하다는 뜻도 있다) 마음의 광대함이 마치 허공과 같아서 끝이 없을 뿐 아니라, 모나거나 둥글거나 크고 작음이 없다. 청황적백(靑黃赤白) 등의 색깔도 없고, 상하장단(上下長短)도 없으며, 성냄도 없고 기뻐함도 없다. 옳거나 그릇됨, 선함도 악함도 없으며, 머리도 없고 꼬리도 없다."고 했다. 머리도 꼬리도 없으니 시작도 끝도 없는 것이다.

조선시대 철학자 서경덕은 기의 실체와 그 무시무종성(無始無終性)을 주장했다. 즉 "기는 이미 시초가 없으니 어찌 종말이 있을 것이며, 창조된 바 없으니 어찌 소멸이 될 수 있으랴."라고 했다.

「천부경」(天符經)에는 일시무시(一始無始) 일종무종(一終無終)이라 했다. 하나는 시작이 없는 시작이요, 하나는 끝이 없는 끝이라는 뜻이다. 우주를 이야기한 것이다.

"모든 것은 우주 속에 있지만 우주는 둘이 아니다.
하나 속에 모든 것이 있고, 모든 것 속에 하나가 있다.
하나가 곧 모든 것이요, 모든 것이 하나다.
개체와 전체는 한 통속이다.
억겁은 한 순간과 같고, 한 순간은 억겁과 같다.
영원 속에 한 순간이 있으며, 한 순간 안에 무한대의 시간이 있다."

시간의 길고 짧음은 사람의 생각이 만들어낸 것일 뿐이다. 시작과 끝은 원래 없는 것이다. 오로지 우주 실체와 인간의 실체는 동일한 것이다. 만물은 하나로 돌아가는 것이다. 만법귀일(萬法歸一)인 것이다.

그러므로 나와 모든 만물이 분리되어 있다고 생각하는 것은 아직도 깨달음에 도달하지 못했기 때문이다. 모든 만물은 하나로 존재하는 데도, 유독 깨닫지 못한 인간만이 따로 따로 존재한다고 생각하는 것이다.

「참전계경」에서도 우주와 인간은 하나라는 것을 누누이 강조하고 있다.

그러니까 우리 민족의 조상들은 이미 6천년 전부터 깨달음이 무엇인지를 책을 통해 후대를 위해 밝혀 놓았던 것이다. 다만 그런 내용들이 면면이 전해 오지 못했던 까닭은 어려운 한문으로 써 놓은 것들을 미처 아는 후손들이 없었기 때문이다. 다행히도 조선 후기에 들어와서 우리 고전에 대한 후학들의 관심이 높아지면서 과거 조상들이 우주에 대한 깨달음이 무엇인가에 대한 해설이 가능했던 것이다.

불교 「반야심경」에서 말하는 색즉시공 공즉시색(色卽是空 空卽是色), 불생불멸(不生不滅), 부증불감(不增不減)이 곧 화기요, 마하심을 이야기한 것이다.

내가 잠을 자더라도 나는 하늘 속에 있고, 육체를 떠난다 해도 여전히 화기의 하늘 가운데 있는 것이다. 그러니 하늘을 알면 두려울 것이 없는 것이다.

화기는 성경에도 나온다.

성경에는 "나 여호와는 바람의 날개 위에 섰도다."라는 대목이 나온다. 요한계시록 1장 8절에는 이렇게 쓰여 있다. "주 하나님 가라사대 나는 알파(시작)요, 오메가(끝)라. 어제도 있고, 전에도 있었고, 장차 올 자이며 전능한 자라 하시더라." 그 '나'는 바로 화기를 가리키는 것이다. 화기는 바로 하느님의 자리인 것이다.

요한복음 4장 24절에는 "하나님은 눈에 보이시지 않으나 아니 계신 곳이 없는 영(靈)."이라고 했다. 아니 계신 곳이 없다함은 삼라만상 모든 것에 깃들어 계신다는 것이요, 허공에도 계신다는 의미이다. 그러므로 하나님은 우주 전체라는 말이 되는 것이다. 그것은 화기이다.

화기는 또한 본성의 진리이다. 화기는 텅 비어 있으면서도 만유를 살려준다. 없음이 있음을 낳고, 있음이 없음을 낳으며, 없음이 없음을 낳고, 있음이 있음을 낳는 것이다. 있음인 내가 없음이 됐을 때, 즉 나 또한 완전히 비워졌을 때 하늘과 하나 된다. 텅 빈 나가 되어야만 비로소 있음인 깨달음이 오는 것이다.

유클리드의 점이란 무엇인가

그리스도교에서는 창조주가 해, 달, 별, 지구, 사람 등 우주만상을 창조했다고 주장한다. 창세기는 모세라는 예언자가 하느님의 계시를 받아 적은 이스라엘 민족의 기원에 관한 역사책이다. 따라서 그리스도교는 계시종교(啓示宗敎)인 것이다. 모세 오경(五經)은 기원전 1446-1406년에 쓰인 것으로 추정된다.

불교적인 우주 생성 개념은 무(無)에서 유(有)가 발생했다. 유실무 무유중(有實無, 無有中)이다. 있는 가운데 없고, 없는 가운데 있는 것이다.

사실 우주인 화기(和氣)는 없는 가운데 있다. 고무풍선도 없고, 산소, 수소와 같은 원자 개념이 전혀 없던 그런 시대에는 화기 우주를 무(無)라고밖에는 표현할 수 없었을 것이다. 그렇지만 무에서 유가 생겼다는 우주생성론은 참으로 위대한 통찰이 아닐 수 없다. 많은 불교 스님들이 참선수행을 하면서, 무에 유가 있음을 알고 득도(得道)했다는 것도 결코 우연은 아니라고 할 수 있다.

그러면 화기의 최소 단위는 무엇일까. 현대과학은 하나의 물건을 쪼개고, 또 쪼개어서 분자-원자-전자-중성자-양성자-쿼크-뉴트리노라는 미세 단위까지는 밝혀냈다. 그러나 물질의 마지막 근본이 무엇인지는 영원한 숙제로 남겨져 있다. 그것은 마치 양파

껍질을 벗기고 또 벗기고 나면 아무 것도 남지 않는 것과 같다.

열매의 씨를 마지막까지 까 내면 아무 것도 없는 것과 같다. 그렇지만 양파와 열매의 씨는 여전히 존재한다. NASA 과학자들이 마음을 알기 위해 사람의 몸을 해부해 아무리 뒤져도 찾을 수 없었다는 이야기와도 일맥상통한다.

이제 우리는 화기의 최소 단위를 고등학교 수학교과서에 나오는 유클리드 기하학에서 찾아야 하지 않을까 싶다. 유클리드 기하학의 기초는 점(point)이다. 점은 무이면서 유로 존재한다. 점을 연결하면 선이 된다. 무에서 유가 창조되는 것이다. 점의 기하학적 정의는 "위치는 있어도 자리, 즉 공간을 차지하지 않는다."는 것이다. 다른 말로 하면 면적이 없다는 것이다. 눈에는 가시적으로 보이지 않는 것이 유클리드 기하학의 '점' 개념이다. 그러니까 바로 기하학의 점 개념이 불교에서 말하는 무의 개념과 같다고 볼 수 있다.

결론적으로 말하면 화기의 기본 단위는 점이라 할 수 있다. 그 눈에 보이지 않는 점이 지구를 둘러싸고 있는 대기와 모든 천체를 둘러싸고 있는 진공을 이루는 것이다. 무한개의 점을 한 줄로 나열하면 점의 집합체인 '선'이 되고 공간을 차지하는 눈에 보이는 '선분'이 되는 것이다.

바로 없음에서 있음, 즉 무에서 유가 태어나는 것이다. 따라서 우주의 생성은 무에서 출발한다고 볼 수 있다. 모든 천체는 우주

에서 생겼다. 만일 은하계의 천체가 없다면 우주는 무(無) 그 자체
일 뿐이다.

입자와 파동

우주 전체는 하나의 거대한 에너지체이다. 에너지는 물질계의
본질이다. 모든 물체는 두 가지 성질을 갖고 있다. 하나는 중심(구
심점)에서 밖으로 뻗어나가려는 성질이고, 또 하나는 구심점 안으
로 끌어당기려는 성질이다. 이른바 원심력과 구심력이다.

두 성질 가운데 응축하는 구심력(뭉치려는 힘)이 크게 작용하면
입자, 즉 물체가 된다. 이와 반대로 바깥으로 퍼져 나가는 원심력
이 보다 크게 작용(흩어지려는 힘)하면 에너지가 되어 파동이 된
다.

뭉치면 물체가 되어 자신을 구축하고 퍼지면 작용이 되어 세상
을 창조한다. 때문에 입자와 파동은 둘이 아니라 하나다. 즉 모든
물체는 입자이면서 파동이다. 공즉시색이요, 색즉시공이다. 입자
의 세계는 눈에 보이지만 훨훨 날아다니는 파동의 세계는 보이지
않는다. 무이지만 유로써 작용한다.

입자인 물체 자체도 사실은 파동체이다. 모래 한 알에서부터 거
대한 태양에 이르기까지 모두 진동한다. 우주가 잠시라도 움직임
을 멈춘다면 세상은 모두 파괴되어 버릴 것이다. 심장의 맥박이
뛰기 때문에 육체도 살아 있는 것이다.

우리의 생각과 마음도 에너지체다. 우리의 몸은 다른 생물체와

마찬가지로 사방팔방으로 에너지를 내보낸다. 마음은 몸을 통하지 않고도 멀리 떨어진 상황을 느끼기도 한다. 몸속의 유체는 몸을 떠나 의식을 지닌 채 자유자재로 여행을 할 수도 있다.

유체란 무엇인가

사람 몸속에는 사람의 형태와 꼭 같은 크기의 유체(幽體;Etheric Body)가 있다. 그것을 '속사람'이라고도 부른다. 인도에서는 그것을 기원 전부터 영체(靈體)라고 불렀다. 이것을 어느 종교 단체에서는 영인체(靈人體)라고 가르쳐 왔다.

유체 또는 영체는 비물질적 실체여서 보통 사람의 눈에는 보이지 않는다. 유체는 영사(靈絲) 또는 혼 줄(Silver Chord)이라는 것으로 사람 몸과 연결돼 있다. 생명 줄인 이 혼 줄은 유체가 몸 밖으로 빠져나가 우주여행을 하더라도 끊어지지 않을 만큼 유연성을 갖고 있다.

사람이 꿈을 꾸거나 갑작스런 충격으로 혼수상태에 빠졌을 때, 그리고 깊은 명상에 잠겼을 때 유체는 잠시 사람 몸 바깥으로 나간다. 유체이탈 수련을 받은 사람은 유체를 몸과 분리시켜 멀리 여행할 수도 있다.

유체는 몸속에 있을 때는 마음이다. 몸과 완전히 분리되면, 즉 육체가 죽으면 영혼이 된다. 의학적으로는 심장박동의 정지를 사망으로 진단한다. 그러나 영적 측면에서는 유체와 육체가 완전히 분리된 상태를 사망이라 한다. 예수가 죽은 지 사흘 만에 부활했다는 이야기도 유체가 완전히 육체와 분리되지 않은 상태에 있었기 때문이 아닌가 싶다.

유체에는 살았을 때의 기억과 경험들을 고스란히 간직하고 있다. 육체를 떠난 영혼은 유체에 입력된 습관대로 행동하려고 한다. 그래서 간혹 사람을 괴롭히기도 한다. 따라서 육체가 죽기 전에 유체에 입력된 모든 망념망상을 깨끗이 없애 주어야 한다. 그것이 바로 마음공부다.

유체는 사람의 근본이고, 육신은 그림자이다. 육신을 벗고 나면 유체, 즉 마음만 남게 된다. 육신을 벗기 전에 청정한 마음자리를 찾아야 한다. 유체는 모든 생명체에 다 존재한다. 유체는 생명체의 안과 둘레에 존재하는 생명에너지이기도 하다.

마음, 즉 유체를 갈고 닦는 것은 바로 영적 성장을 의미한다. 조상의 원죄를 포함해 자기 생애에서 잘못 언행한 모든 것을 깨끗이 갈고 닦아야 육체가 사망했을 때 그 영혼(마음, 즉 유체)도 깨끗해진다.

영혼은 불멸의 존재다. 영혼은 나의 본성이다. 육신이 없어지고 나면 에너지 형태로 우주 정신계에 영원히 존재한다. 영혼은 의식과 정보를 가진 에너지체다.

옛 사람들이 미래를 예언한 것도 유체이탈을 통해서 하게 된 것이다. 조선시대 팔봉진인은 비행기 시대의 도래를 이렇게 예언했다. "하늘에 솔개가 날개를 펴니 사람이 꽉 차 있더라." 했다. 그는 호롱불 밑에 살면서도 "미백년(未百年=백년이 되기 전)에 온 도시가 불야성이 된다."고 예언한 것이다. 백년 후의 시대를 앞서 가서 그 시대상을 이야기한 것이 예언인 것이다.

노스트라다무스의 예언이 옳건 그르건간에 유체이탈을 통해 미래를 예언해 놓은 것이다. 공자도 젊었을 시절에는 내생에 대해 질문 받고는 현생도 모르는데 어찌 내생을 알겠느냐고 대답했다. 공자는 74세가 되어서야 비로소 유체이탈을 통해 내생이 있음을 알게 된 것이다.

유체로 하늘나라 간다

속사람, 즉 유체(영인체, 성기체)를 마음이라 했다. 마음은 시간과 공간을 초월하는 영원한 존재다. 몸은 시공의 제약을 받는 순간적인 존재다. 마음을 좁히면 옆 사람과도 대화하지 않으려 한다. 마음을 넓히면 우주를 품에 안는다. 깨달음이란 마음을 한없이, 즉 우주 만큼 넓혔다는 뜻이다.

하느님은 영원하고 무한한 세계를 느낄 수 있도록 인간에게 육체와 똑같은 속사람, 즉 유체(영혼)를 만들어 주었다. 하느님은 만물 가운데 특히 인간에게 영성이 깃든 유체를 주었다. 인간이 타락하는 까닭은 속사람, 즉 유체의 실체를 모르기 때문이다. 우리가 마음공부를 하는 까닭은 유체의 실체를 알기 위해서다.

인도 경전 「바가바드 기따」(BC 5세기에 구성; 참고= 인도에는 불경 외에도 3대 경전이 있다.) 첫째가 「베다 경전」(기원전 1500년에서 기원전 1200년 사이 조성), 두 번째가 「우파니샤드 경전」(기원전 8세기에서 기원 후 2세기까지 조성), 세 번째가 「바가바드 기따」에도 "이 몸뚱이는 죽어 없어지지만 이 몸속에 와 계시는 그 실재는 영원하며 불멸이며 무한하다."고 가르치고 있다. 육체에 두루 충만된 영혼은 결코 파괴될 수 없으며 영원하다. 왜냐하면 영혼은 원자보다 쿼크보다도 작으며, 동시에 우주보다 크기 때문이다.

사람은 유체를 가지고 영혼이 모이는 하늘나라, 즉 영계로 간다. 육신은 나무와 같고 유체는 열매와 같다. 육신을 쓰고 있을 때 생령요소(生靈要素)를 받아 열매를 맺어야 한다. 생령요소는 영원한 생명요소를 일컫는다.

마태복음(18장 18-9절)은 말한다. "땅에서 열매를 맺으면 하늘에서도 맺어질 것이다." 땅에서 풀면 하늘에서도 풀린다는 뜻이다. 사람이 스스로 마음의 문을 열어 진실된 마음으로 하늘에 심고하면 하늘도 응답을 하게 된다.

천국의 자물쇠를 열려면 지상에서 선행을 하면서 열어야 한다. 그것이 바로 불경과 성경, 바가바드 기따가 왜 육신 생활을 바르게 해야 하는가를 가르치고 있는 이유인 것이다. 육신 생활을 하면서 사랑의 이상 세계를 완성해야 하는 것이다.

하느님을 중심 삼는 사랑은 거룩한 사랑이다. 우리가 회개하고 속죄해야 하는 곳도 지상 세계에서 해야 한다. 하느님은 인간을 천국으로 직접 보내는 일을 하지 않는다. 천국으로 가는 길을 일깨워줄 뿐이다. 인간 스스로 찾아가야 하는 것이다.

지상에서 하느님 뜻대로 사는 자만이 천국 간다. 하느님의 뜻대로 사는 것은 진리 그 자체로 살아가는 것이다. 인간이 진리에 대해 아는 것만으로는 부족하다. 지식과 행동이 일치해야만 진리의 삶이다.

육신을 가지고 선행하면, 선한 생령요소가 유체에 생긴다. 육신을 가지고 악한 짓을 하면 악한 생령요소가 유체에 생긴다. 유체는 사랑을 먹어야 하느님으로 산다. 어린 아이들도 부모 형제 자매의 사랑을 먹고 자라야 정상적으로 자란다. 존재와 행위의 근본은 참사랑이요, 참 마음이다. 참사랑은 부모의 심정이다.

사랑의 세계는 지상에서부터 이루어져야 천국에서도 이루어진다. 미성년자에게는 양심을 북돋아 주어야 선으로 산다. 양심은 하느님의 최일선 초소라고 할 수 있다. 양심을 바로 지키고 있으면 아무리 사탄의 무리가 와서 득세하려 해도 초소는 점령당하지 않는다.

태아의 태어남은 하나의 죽음이다. 태중(胎中) 생활을 마감해야 신천지가 펼쳐진다. 태아는 신천지를 모른다. 인간이 육신을 벗는

다 함은 신천지인 영적 세계로 들어가는 것을 말한다. 태중 세계
는 수중(水中)세계다. 지상세계는 기중(氣中)세계다. 영적 세계는
애중(愛中)세계다. 인간으로 태어남은 태아의 죽음이다. 번데기가
죽고 다시 태어나야 나비가 된다. 우화등선(羽化登仙)인 것이다.
죽어서 날개를 달아야 신선이 된다. 육신을 벗어야만 신천지가 전
개되는 것이다.

지상세계는 영계로 가는 준비 단계다. 영계는 영원한 사랑의 세
계요, 영원한 실체의 세계다. 이제부터 육신의 죽음을 애달파하지
말고 신천지에서 새롭게 탄생할 수 있다는 사실을 잊지 말아야 할
것이다.

인간의 본질은 정신성에 있다

인간은 두말할 것도 없이 육체와 정신이 결합된 생명체다. 그러
나 인간의 본성은 육체에 있지 않고 '정신성'에 있다. 인간의 본질
이 정신성에 있다고 해서 현세의 육체적인 삶의 가치를 부정적으
로 생각하면 그것은 큰 오산이다. 육체는 영혼이 머무는 성소이
다. 우리 인간에게 부여된 진정한 소명은 영성(靈性)을 개발해 인
간의 근원인 참 자아를 깨닫는데 있다.

그러면 영성이란 무엇일까. 영성은 영의 성질이다. 영은 생명을
살려주는 근본적인 힘이다. 영성은 인간의 신령스러운 품성을 말

한다. 인간 내면에 갖추어진 신비스럽고 오묘한 성질인 것이다.

영적(靈的)이란 말도 비슷한 뜻이다. 영적이란 말은 신령스러운 것, 또는 신령스러운 정신과 영혼에 관한 것을 말한다. 인간에게 가장 신령스러운 것은 과연 무엇일까. 그것은 바로 마음 작용이다.

세상살이를 하다보니 순수했던 마음 작용에 엄청난 때가 묻어 버렸다. 영성을 개발한다는 뜻은 마음의 때를 걷어내고 내면의 세계를 일깨워 진아를 깨닫는 과정을 말한다.

인간의 '참 나' 내면에는 항상 신성이 자리잡고 있다. 신성은 우리가 의식하던 하지 않던 늘 우리 내면에 도사리고 있다. 우리가 어떤 환경에 태어나건 영혼의 눈을 떠 신성을 발휘할 기회는 누구에게나 공평하게 주어져 있다. 내 속에 신성, 즉 하느님이 있는데도 대부분의 사람들은 그것을 모르고 '나는 깨달음에 이를 수 없다' 며 지레 포기해 버린다.

불교「법화경」이 위대한 경전인 까닭은 모든 사람에게는 불성이 있으며 누구나 부처의 경지에 도달할 수 있다는 점을 역설한 것이다.

인간은 물질적인 존재가 아니라 정신적인 존재다. 물론 육체 속에 정신이 있으므로 육체적인 존재이기도 하다. 그러나 인간의 영성은 육체를 터로 하여 성장해 나가는 것이다. 그렇기 때문에 육신을 가지고 있을 때 영성을 갈고 닦아 영혼을 진화시켜 부처가 되고 하느님이 돼야 하는 것이다.

영혼이란 무엇인가

인간은 죽으면, 영혼과 육신이 분리된다. 죽음이란 영혼이 육신의 속박에서 벗어남을 의미한다. 기원 전 고대 그리스 철학자 아리스토텔레스와 단일 책으로는 가장 분량이 많은 「신학대전」을 쓴 중세 이탈리아 철학자 토마스 아퀴나스 두 철인은 존재를 살아 있도록 만들어주는 것은 '혼'(anima)이라고 생각했다.

그렇기 때문에 혼이라는 것은 생물과 무생물을 구분해 주는 기준이라고 설명한 것이다. 그리고 다시 인간을 다른 생물들과 구별해 주는 것은 영혼(soul)인 것이다. 이제 혼과 영혼의 차이를 짐작할 수 있을 것이다.

사전적인 의미로는 혼(魂)과 영혼(靈魂)을 같은 뜻으로 풀이하고 있다. 영혼의 줄인 말이 영(靈)이다. 영혼에는 네 가지의 뜻이 있다.

첫째 죽은 사람의 넋, 둘째 인간의 모든 정신적인 활동의 본원이 되는 실체, 셋째 신령(신기하고 영묘한 데가 있다)하여 불사불멸하는 정신, 넷째 육체에 깃들어 마음의 작용을 맡고 생명을 부여한다고 여겨지는 비물질적 실체 등의 뜻을 지닌다. 이를 크게 나누면 죽은 사람의 넋과 산 사람의 정신 두 가지로 풀이할 수 있다. 영은 인간을 살아 움직이게 하는 근원적인 힘이다.

이것을 다른 말로 하면 유체가 되는 것이다. 유체는 육체 속에 있을 때는 정신, 즉 마음이 되는 것이며, 육체가 사망하면 몸에서 빠져나간 유체는 영혼이 되는 것이다. 유체는 정보를 주고 받는 일종의 미세한 생명 에너지이다.

영혼을 우리 나라에서는 혼백(魂魄)이라 불러왔다. 혼백은 넋이라는 뜻이다. 혼백은 육신의 죽음과는 관계없이 그 실체를 존속시킬 수 있는 능력을 갖추고 있다는 뜻이다. 그러니까 혼백은 유체에 해당되는 말이다. 넋이라는 것은 사람의 몸에 있어 마음 작용을 한다고 생각되는 것이다.

예부터 우리 조상들은 몸은 죽어도 넋은 영원히 남아 있다고 여겨 왔다. 그런 면에서 넋은 초월성을 지닌다. 일반적으로 혼백은 혼, 영혼, 얼 등과 같은 말로 쓰인다. 백(魄)은 죽은 사람의 넋을 신격화해서 부르는 명칭이다.

영혼이 깃드는 과정

인간에게 영혼이 깃드는 과정을 설명하면 이렇다.

천기인 영혼이 지기인 백육(魄肉=육체)의 기와 결합하면, 그것이 바로 한 생명에게 혼백(魂魄)이 들어간 것이다.

남자의 정자에는 지기의 양기인 백(魄)이라는 기가 있다. 이것은 육체의 근간을 이루는, 즉 뼈대를 이루는 기가 되는 것이다. 여자의 난자에는 지기의 음기인 육(肉)이라는 기가 있다. 이것은 살을 형성시키는 물질이다. 이렇게 지기의 음양, 즉 정자와 난자 두 물질이 결합되고, 여기에 상응하는 하늘의 좋은 천기인 영혼이 깃들면 인간이라는 생명이 탄생하는 것이다.

생명이 만들어지면 영혼과 백육의 기가 활동하게 되어 천기가 포함된 영혼이라는 것이 점차 성숙되어 가는 것이다. 이것이 바로 인간 정신이다. 따라서 축생, 조류, 어류, 식물들도 사람의 영혼과 비슷한 영혼을 갖고 있다고 볼 수 있다.

여기서 인간의 탄생 과정을 요약하면, 남녀가 결합해 육신을 만들면 하늘, 즉 우주 천기의 생기가 합쳐져 '영혼을 가진 인간'이 태어나는 것이다.

현대 과학은 정자와 난자의 물질 성분을 완전히 파악하고 있다. 그러나 과학이 아무리 발전해 나가더라도 생명과학적인 공정을 거쳐서는 결코 정자와 난자를 만들 수 없다. 그것이야말로 신의 영역이며, 우주의 비밀이다. 그것은 또한 남녀가 공동으로 반반씩 나눠 갖고 있는 인간의 고유 영역이기도 하다.

우주에 가득한 천기와 지기, 영기와 혼기, 백기와 육기들이 주위의 조건에 따라 분리되었다가 결합되고 하면서 생명의 생사가 반복되는 것이다. 굳이 종교에서 주장하는 윤회나 부활을 과학적으로 설명하고 싶다면, 기의 분리와 결합이라는 논리를 적용하면 될 것이다.

생명은 천기와 지기의 결합 현상

결국 생명 탄생은 천기와 지기의 결합 현상이다. 영기(靈氣)와 혼기(魂氣)가 결합하여 영혼이라는 생기를 가진 생명이 나온다. 이 영혼의 초능력적인 기는 사후에도 분리되지 않는 기를 새롭게 형성한다. 이것을 단체영혼(單體靈魂)이라 한다. 단체 영혼은 곧 성불이요, 해탈한 영혼이기도 한다.

영혼은 기, 즉 초미세 에너지의 형태로 존재하는데 그것은 정보를 주고 받을 수 있는 에너지이다. 고급 정보와 정화된 에너지를 가진 영혼일수록 고급 영혼인 것이다. 정보와 에너지의 상태에 따라 고급 신과 저급 신으로 나누어지는 것이다. 영혼과 영혼의 의사소통은 시공간의 제약을 뛰어 넘어 정보를 교환함으로써 이루어진다. 물질계의 본질이 에너지라면, 지성계의 본질은 무형의 정보인 것이다.

영혼은 어디에 거처하나

마음수련의 단계가 높아지면 영계, 즉 영혼은 어디쯤에 거처할까 하고 궁금해지기도 한다. 불교에서는 그것을 극락이라고 하고, 기독교에서는 천당이라고 한다. 둘 다 같은 개념이다. 불교에서는 아마타불이 관장하는 영역이다. 아미타(불)경에 따르면 극락세계는 아미타불이 거주하며, 설법하는 곳으로서 서방으로 10억의 불국토를 지나 있다. 거기서 거듭 태어나는 자는 심신의 괴로움이 없고, 다만 즐거움만 있다고 한다.

이같은 공간적인 거리와 인간이 죽어서 간다는 시간적인 거리는 물질적인 낙토관(樂土觀)을 담고 있다. 중요한 것은 거기에 중생구제의 사상이 담겨져 있다는 점이다. 한문 아미타경을 보면 10억 부처 위에 아미타불이 있다고 했다. 은하계로 말하면 10억계의 은하계 저 너머에 극락이 있다는 이야기일까 하고 상상해 볼 수도 있다. 그러나 그것은 관념적인 것에 지나지 않는다.

불교에서 염불은 인간을 구제한다는 타력신앙적인 요소가 있다. 그러나 아미타불을 지극 정성으로 염불하면, 무아의 삼매경에 빠질 수 있다는 점에서 극락은 현실 세계와 시간적 공간적 거리를 갖는 그런 개념이 아니라고 할 수 있다. 극락정토가 서방에 실재하는 세계로 묘사되어 있긴 하지만, 그것은 단지 청정한 세계를 상징적으로 표현해 놓은 것에 불과하다.

성서에서는 제7천국을 상정해 놓고 있다. 그곳은 신과 천사가 사는 최상천(最上天)이라는 것이다.

어찌되었던 인간들의 머리로는 아무리 짜내어 보았자 영혼이 거처하는 곳을 이해하기는 힘들다. 영혼은 그냥 우주에 거주하고 있을 뿐이다. 여기저기가 아니다. 그것은 공간을 생각하는 인간들이 상상한 것일 뿐이다. 우주 본체에서 보면 시간과 공간이라는 개념은 전혀 없다.

시간과 공간은 인간들이 살아가는 데 필요하기 때문에 만든 개

넘이다. 시간이란 것은 원래 없는 것이다. 현재 이 순간이 태초이고, 과거, 현재, 미래이다. 지금은 무한히 계속되며 시작도 끝도 없다.

공간도 마찬가지다. 1000억 개가 넘는 은하계가 있다고는 하나, 그것은 인간들의 개념일 뿐이다. 아무리 멀리 떨어져 있어도 영혼은 생각의 속도로 움직인다. 그러니까 어느 한 곳에 장소를 정해 놓고 있는 것이 아니다. 10억 부처 위나, 1천억 은하계 저 너머나, 지금 이곳이나 똑같은 우주일 뿐이다. 사실 영혼은 우주 그 자체이자 우주와 한몸이다.

그것은 마치 이와 같다. 내 마음이 존재하는 곳은 어디일까. 머리 부분인가, 가슴 부분인가, 안이비설신(眼耳鼻舌身)에 있는가. 사실 마음은 내 몸 모든 곳에 존재한다. 모든 세포에 마음이 존재한다. 그와 마찬가지로 우주와 한몸인 영혼도 존재하지 않는 곳이 없다.

극락이나 천당이라는 것도, 어떤 공간이라기보다는 그 영혼이 어떤 상태에 있느냐에 달려 있다. 마음 가운데 윤회가 정지되고, 윤회가 벗어난 상태, 근심걱정을 완전히 벗어난 상태, 즉 해탈의 상태에서 마음이 안정돼 있을 때, 그런 상태를 극락에 있다고 말할 수 있다.

다시 말하면 윤회를 마친 해탈된 영혼이 있는 그곳이 극락이요,

천당이다. 부처의 상태에 도달한 경지이다. 완전히 안정된 상태에 진입한 영혼을 불교에서는 부처, 그리스도교에서는 성인(聖人 =saint)이라 부른다.

부처란 무엇인가. 그것은 하느님이요, 알라요, 우주 그 자체이다. 그러므로 천당, 극락이란 여기다, 저기다 하는 공간적인 개념으로 설명하고, 이해하려 해서는 안 된다.

영계는 먼 곳에 있는 것이 아니다. 우주 자체가 하나의 거대한 영적 세계다. 인간이 살아가는 세계는 영혼이 육체를 가지고 살아가는 특수한 세계다. 영계와 인간의 관계는 불가분의 세계다. 영혼과 인간이 사는 이 화기의 세계가 영들이 거처하는 곳이다.

모든 영과 혼, 신들이 찾아드는 모든 만물의 근원 자리가 곧 화기요, 우주 본체의 자리다. 이곳은 영원히 변하지 않으며 영혼이 영원히 머무는 자리이다. 우주의 만유(萬有)가 나오는 화기 자리가 영혼과 신들이 거처하는 곳이다.

윤회의 실상

불교에서는 업(業)이란 말이 있다. 업은 사람이 신구의(身口意), 즉 몸, 입, 마음으로 행한 것에는 반드시 그에 따른 결과가 나타난다는 뜻이다. 아무리 하찮은 일이라도 작은 것이 큰 것이 되어 자칫 큰 화를 입을 수도 있는 것이다. 물방울 하나가 연못을 가득 채우고, 큰 바위에 구멍을 낼 수 있는 것이다. 작은 선행도, 작은 악

업도 결코 소홀히해서는 안 되는 것이다.

업, 즉 카르마는 없어지기가 어려울 뿐 아니라 이글거리는 태양 열로도 파괴할 수 없을 만큼 강력한 위력을 갖고 있다. 불행하게 사는 사람들을 보면, 대부분 과거 자기가 저질러 놓은 업장(業障= 업의 장애)에 얽매어 살기 때문이다. 업은 마치 생물과 같이 무의식 속에 남아 사람의 일생을 그르친다.

그것은 불안과 좌절, 분노와 원망, 과격한 폭력 등의 형태로 노출되기도 한다. 그런 잘못된 업장을 깨기 위해서는 매 순간마다 의식이 깨어 있지 않으면 아니 된다. 과거에만 집착하고 미래의 문을 열지 못하는 사람에게는 늘 업장이 따라다닌다. 깨어 있는 의식으로 과거에서 벗어나야 한다.

과거의 생각, 즉 과거의 사슬에서 벗어나야 한다. 그러기 위해서는 나중에 소개하는 지구점 수련을 열심히 해야 하는 것이다.

전생은 두 가지이다

불교 경전 「법화경」에는 전생과 현생, 내생이 반드시 있다고 가르친다. 기독교에서는 흔히 전생이 없다고 말한다. 그러나 그렇지 않다. 예수도 선지자 세례 요한을 가리켜 구약성서 4백년 전에 나오는 '엘레야' 라고 말했다는 기록이 있다. 기독교의 전생 이야기는 다음에 다룰 것이다.

그래서 전생의 일을 알고자 한다면 현생을 보고, 내생의 일을 알고자 한다면 현생을 보라고 한 것이다.

인간의 전생은 두 가지가 있다. 하나는 영혼의 전생이요, 다른 하나는 유전인자 (DNA)에 의한 전생이다.

첫째, 내 유전인자에 입력된 나의 모든 조상과 부모로부터 물려받은 유전인자, 그리고 내가 바로 지금까지 살아온 모든 인생 역정이 나의 전생이다. 그러나 그 조상들이 어떻게 살아왔는가를 우리가 알 수는 없다. 그러나 조상의 살아온 삶이 오늘의 나에게 조금은 영향을 미친다.

그것은 조상들이 더 나은 삶을 위해 거주지를 끊임없이 옮긴 결과 오늘 이 시점에 내가 이곳에 존재하고 있는 것을 생각해 보면 바로 알 수 있다. 그러니까 나의 조상은 아프리카 사람일 수도 있고 인도 사람일 수도 있는 것이다.

둘째, 다른 영혼이 내 몸에 옮겨와서 생긴 전생이다. 과거 역사에 살았던 사람의 혼이 잉태된 태아에 들어가서 생긴 전생이다. 내 육체는 내 부모가 낳았지만 나의 영혼은 전혀 다른 곳에서 주입된 경우이다.

그래서 흔히 누구는 과거에 누구였다는 등의 점괘가 나오기도 하고, 과거 누구였기 때문에 그 사람의 업장 때문에 오늘날 이렇게 고생을 하고 있다는 등의 말을 주위에서 자주 들었을 것이다. 그러나 그렇다고 모든 사람이 반드시 과거 누구의 혼을 뒤집어쓰고 나오는 것은 아니다.

남의 혼을 이어받지 않고 태어나는 사람이 훨씬 더 많다. 인간으로서 가장 행복하게 태어난 사람이 그런 사람인지도 모른다. 과거에 태어난 남의 나쁜 혼의 영향을 전혀 받지 않기 때문이다. 즉 자기의 운명에는 오로지 현생의 자기만이 영향을 주기 때문이다.

이런 경우는 자기가 살아오면서 어떤 인연을 맺어 왔는가에 따라서만 자기 운명이 결정되는 것이다. 그러나 그렇다고 그런 사람이 이 세상에서 꼭 행복하게 사는 것은 아니다. 왜냐 하면 그 사람이 인간생활을 해오면서 온갖 인연을 맺는 과정에서 알게 모르게 좋지 못한 업을 짓기 때문이다.

환갑을 기준으로 하면 20세 이전이 자기 전생이고, 20-40세까지가 현생, 40에서 60세 이후까지를 후생이라고 볼 수 있다. 말하자면 자기의 현재 삶은 살아온 전생과 현생에 의해 후생의 삶이 결정되는 것이다.

세상만물이 모두 인연으로 이 세상에 모습을 드러냈듯이 인간 또한 인연에 따라 왔다가 인연 따라 저 세상으로 가게 되는 것이다. 현생의 삶은 내가 살아오면서 어떤 인연을 만들고 살아왔는가에 따라 그 삶의 형태가 결정되는 것이다.

업이란 것도 결국은 자기가 만든 인연인 것이다. 그 인연을 변화시키려면 과거의 인연을 담고 있는 무의식 속의 정보 내용을 바꾸어 나가야 한다. 그렇게 하려면 나의 과거 인연들을 수련을 통해 모두 지워버려야 한다. 그 지우는 첫 번째 수련법이 지구점 수련법이다. 해탈이란 자기의 모든 과거 인연을 소멸시키는 것이기도 하다.

지극정성만이 신의 감응을 받는다

천당과 극락 상태에 있는 거룩한 영혼들은 이 세상 사람들과 의사를 주고받는다. 그것을 통공(通功)이라 한다. 따라서 위대한 성인이나, 초능력을 가진 예수나 부처같이 된 영혼들은 현세에 살아가는 인간들이 간곡히 기도할 때, 그 기도 소리를 들어 주며, 해답을 인간에게 제시해 주기도 한다. '신과의 대화'도 그래서 가능한 것이다. 누구나 극락과 천당에 있는 영혼들과 기도를 통해 교감할 수 있는 것이다.

그리스도교에서는 흔히 간증이라는 것을 한다. 열심히, 그리고 진정한 마음으로, 간곡한 마음으로, 정성을 다하여 100일 동안 끊임없이 기도했더니 하늘의 응답이 오더라는 이야기를 우리 주변에서 심심치 않게 들을 수 있다.

그것은 극락, 천당의 영혼들과 교감이 이루어졌기 때문이다. 영혼과 교감을 이루는 사람들은 그만큼 마음도 깨끗해지고, 맑아졌다는 사실을 말해 준다. 마음이 맑지 않고는 영혼, 즉 신과의 대화는 불가능하다.

수행에 있어 가장 중요한 것은 진심(眞心)이다. 일상생활도 진심으로 하게 되면 그 자체가 '나'를 비우는 수행이 된다. 나를 비우게 되면 불교에서 이야기하는 업장(業障)도 소멸된다.

진심이 깊어지면 깊어질수록 업은 자연히 녹아 없어진다. 업은 착각에서 비롯된다. '업이 있다'고 하는 착각 속에 살게 되면 업은 언제나 함께 따라다닌다. 업은 바른 마음으로 부수면 저절로 사라진다.

기도와 염불은 마음의 자세가 중요

하나님께 기도를 하거나, 관세음보살과 아미타불을 염불할 때 지극정성의 마음으로 하게 되면 업장이 사라짐과 동시에 소원 성취도 이루게 된다. 건성으로 기도한다면 결코 하늘의 응답을 기대할 수 없다. 오로지 정성과 진심에 대해서만 하늘은 보상을 내린다.

관세음보살을 힘없이 살살 부르면 수억 번을 불러도 효과가 없다. 목숨을 걸고 통곡하듯이 마치 정신이 나간 사람처럼 불러야 병도 치료된다. 사람들은 '주여! 주여!' 하고 부르거나 '관세음보살' 하고 불러서 병이 나았다고 쉽게 생각한다. 그러나 중요한 것은 매달리는 대상이 아니라 매달리는 그 주체이다.

대상이 없어도 기도하는 사람이 정말 급박한 심정으로 기도해서 정신일도(精神一到) 상태가 되면 하늘의 응답을 들을 수 있게 된다.

기도를 할 때 누구를 칭명하느냐 하는 것보다는 어떤 마음의 자세로 하느냐가 중요하다. 내기(內氣)를 부르는 힘은 바로 벼랑 끝에 몰린 사람에게서 나타나는 것과 같은 절박함에서 나온다. 그야말로 죽기 살기로 원하지 않으면, 마음을 쏟지 않으면 내속의 내기는 꼼짝도 하지 않는다. 절박한 상황에서는 자기가 평소에 사용할 수 있는 힘의 5배 이상의 힘을 용솟음치게 할 수 있는 법이다.

기독교인들은 흔히 성령의 힘을 입었다는 표현을 쓴다. 그러나 그것도 결국은 기(氣)의 작용이다. 모든 잡념이 사라져 버리고 응집되고 응집된 간절함만이 남아 있는 상태가 내기의 발동으로 이어지는 것이다. 많은 사람들이 기도 중에 느닷없이 몸이 불덩어리처럼 달아오르거나 또는 엄청난 냉기에 휩싸이거나, 혹은 제자리에서 펄쩍펄쩍 뛰어오르는 체험을 한 후에 병이 씻은 듯이 나았다는 경우가 바로 내기의 발동 때문이다.

그리고 하늘에는 우주 지성체가 있기 때문에 인간의 진실한 기도소리에는 반드시 귀를 기울인다. 사람이 하늘에 마음을 주면 하늘도 사람에게 마음을 준다. 사람이 하늘에 마음을 주지 않으면 하늘도 마음을 주지 않는다. 우주만물에도 엄격한 거래의 법칙이 있는 것이다.

지극정성이라야 감천(感天)한다

우리 민족의 3대 경전의 하나인 「참전계경」에도 "정성이 지극할 때 사람이 하늘과 통하고, 하늘이 사람과 통한다. 사람이 감동할만한 정성이 없으면 어찌 하늘이 느끼길 바라며, 사람이 능히 답할 만한 정성이 없으면서 어찌 하늘이 답하기를 바라겠는가."고 여러 군데서 지극한 정성으로 살아갈 것을 강조하고 있다.

정성을 모르는 삶은 황폐해지기 쉽다. 정성은 원래 높고 밝고 신성한 곳을 향해 드리는 것이다. 따라서 정성을 드린다는 것은 현재 자기가 처해 있는 상황보다 더 높아지고 좋아지기 위한 마음가짐인 것이다.

자기가 평소에 하는 일에도 정성이 사라졌을 때 게으르게 되고 불평과 불만이 생기는 것이다. 정성을 드리면 스스로 매사에 감사하는 마음이 우러나온다. 감사하는 마음을 가지는 사람에게는 복이 오게 되어 있다. 조상과 땅, 하늘에 제사를 드리는 것도 감사한 마음의 표시인 것이다.

서양 속담에도 '하늘은 스스로 돕는 자를 돕는다.' (Heaven helps those who help themselves.)고 했다. 그리고 '뜻이 있는 곳에 길이 있다.' (Where there is a will, there is a way.)는 속담의 뜻은 정신일도 하사불성(精神一到 何事不成), 즉 정성을 한 곳에 쏟으면 이루지 못할 일이 없다는 뜻이기도 하다.

삼성그룹의 이병철 회장은 1983년 반도체 사업을 처음 시작할 때 "아무리 앞이 안 보이는 칠흑 같은 암흑이라도 그것을 극복해 나가려는 의지만 있으면 길이 보인다."고 참모들에게 강조함으로써 당시로서는 모든 사람들에게 불가능하게 보였던 반도체 사업을 오늘날 세계 제1위의 삼성전자로 키워내게 했던 것이다.

이병철 회장은 "송곳으로 바위를 뚫겠다는 각오로, 물방울로 바위에 구멍을 내겠다는 그런 정성만 있으면 안 될 일이 없다."며 간

부들을 독려했다고 한다. 강한 의지와 지극정성의 자세를 강조한
것이다.

육신은 없어지는가

인간이 죽으면 영혼과 육신은 분리된다. 육신은 완전 분해되어
원래 자리인 우주로 돌아간다. 그래서 우리 나라에서는 사람이 사
망한 것을 '돌아가셨다.'고 하는 것이다. 우주로 돌아간 것이다.
사망한 육신은 매장이건 풍장이건 화장이건 모두 분해가 되어 지
상 물질의 일부분으로 돌아간다.

그런 다음 주변 환경에 따라 이합집산을 통해 새로운 물질이 되
기도 한다. 하나의 생명체가 사망했다고 해서 곧바로 육신이 없어
지는 것이 아니다. 즉 자동으로 분해되지는 않는다. 오랜 세월을
거쳐 하나하나씩 다른 물질로 나눠지는 것이다.

죽음이란 의식 활동과 언어구사, 육체적 활동이 중지된 상태를
말한다. 육신을 움직이게 하는 그 무엇이 분리되지 않은 상태를
육신 또는 신체라고 표현한다. 그 무엇이 육신과 분리된 것을 시
체라고 표현한다. 사람들이 흔히 '저 사람은 시체야.' 라고 표현하
는 것은 육신을 움직이는 의식 활동이 매우 약하다는 것을 뜻한
다.

이처럼 육신이 활동하게 하는 그 어떤 모체를 가리켜 마음 또는

영혼이라고 부르는 것이다. 생명체에 있어 영혼은 육신보다 더 중요한 역할을 한다. 죽음을 앞둔 사람이 일차적으로 걱정하는 것은 사후 영혼의 행방에 관한 것이다. 병원에서 죽음을 앞둔 사람이 주변의 권고에 따라 종교에 귀의하는 것도 그 때문이다.

우리가 마음공부를 하는 이유 중 하나는 사후에 대한 두려움에서 벗어나려는데 있다. 육신의 죽음은 천기와 지기의 분리에 지나지 않는다. 우리가 슬퍼하고 괴로워하는 까닭은 마음이 불안하고 불편하기 때문이다.

사실 육신은 나의 것이긴 하지만 '나 자체'는 아니다. 그것은 본래 주인인 우주로 되돌아가는 나룻배 역할만 할 뿐이다. 피안의 언덕으로 건너간 뒤에는 나룻배의 의미는 없어진다. 그 나룻배를 버리기가 그렇게 안타까운 것이다. 그것은 나룻배가 곧 '나'라고 하는 집착을 버리지 못하기 때문이다.

「선법요해경」(善法要解經)에 보면 "네 몸은 뼈대로 떠 괴이고, 살가죽으로 싸얽은 것이며, 더러운 물이 속에 가득 차, 하나도 좋을 것이 없구나. 가죽 주머니로 대소변을 담았고, 아홉 구멍으로 늘 흘러내리구나."라고 했다.

또 영가집(永嘉集)에도 "육체는 가죽 주머니에 똥을 담은 피고름 덩어리이다. 밖으로 아무리 향수를 발라도 안에는 더러운 것뿐이다."라고 쓰여 있다.

이것이 이 몸의 참 모습이다. 그런데도 세상 사람들은 이 몸을 금옥이나 금강석보다도 귀중하고 향기로운 보배덩어리로 여기고 있다. 알고 보면 너무나 허망하고 맹랑한 물건이다. 어리석은 사람은 그 육신이 '참 나'인 줄로 착각하고 있는 것이다.

행복의 경제학적 잣대

동서고금의 인류가 추구해 온 가장 큰 목표는 행복을 추구하는 일이다. 여기서 말하는 행복과 불행은 물질적인 잣대를 가지고 판단한 것이다. 사람들이 가장 먼저 갈망하는 것은 의식주의 충족과 치안 유지 같은 것이다.

먹고 사는 것이 해결되면, 그것으로는 결코 만족해 하지 않는다. 사람들은 물질적인 생활수준이 향상되지만, 행복의 수준도 그것만큼 향상되지 않는다는 사실을 이내 깨닫는다. "행복은 결코 돈으로 주고 살 수 없다."는 격언이 바로 그것을 뒷받침해 준다고 하겠다.

소득수준과 행복은 별개다

어느 나라에서나 소득 수준이 높은 사람이 소득 수준이 낮은 사람보다 더 행복하다고 볼 수는 없다. 한 나라가 선진국으로 진입해 갈수록 국민의 소득 수준은 과거보다 몇 배씩 증가하지만, 삶에 대한 만족도는 제자리걸음을 면치 못하고 있다.

핵가족화가 진행되고 물질문명이 발달할수록 오히려 우울증을 앓는 사람의 수는 훨씬 늘어나고 있다는 게 각국의 통계들이 말해 주고 있다. 이 같은 현상은 "높은 소득이 다양한 선택권을 제공해 삶의 질을 높여준다."는 정통 경제학 이론과는 전혀 맞지 않음을 알려주는 것이다.

그렇다면 사람들은 어떤 것을 좋아하고, 어떤 것을 싫어할까. 일상생활에서 즐거운 활동으로 생각하는 것은 섹스, 친구들과의 편안한 만남, 동료들과의 점심식사 등을 들고 있다. 유쾌하지 못한 활동은 강제로 모이게 하는 일, 통근, 퇴근 후 술자리를 포함한 직장상사와의 잦은 대면 등이다.

개인 복리에 기여하는 사회적 요소로는 이혼율의 저하, 봉사활동의 적극 참여, 대인 관계에서 높은 수준의 신뢰 유지 등이 꼽힌다.

부와 행복이 비례하지 않는 이유

그렇다면 물질적인 부와 행복의 관계가 비례하지 않는 이유는 무엇일까.

첫째, 물질적 행복이란 실제 소득과 기대하는 소득 사이의 차이에 의해서 결정된다. 기대치가 실제 소득보다 더 커진다면 실질 소득 수준이 전보다 높아지더라도 오히려 더 불행해질 수도 있는 것이다.

둘째, 행복이란 주위의 친구나 동료, 더 나아가 사회의 다른 사람들과 상대적으로 비교해서 정의하기 때문이다. 흔히 세상 사람

들은 다른 사람보다 더 많은 수입을 올리거나 사회적 지위가 높아
질 때만 행복을 느끼는 경향이 있다.

  자기 봉급이 크게 올랐다 하더라도 동료나 친구들에 비해 인상
액이 적다면, 여전히 불만족스러워하게 된다. 또 모든 사람이 다
고급 승용차를 타고 다닐 수 있게 된다면, 그 다음에는 우주여행
과 같은 초고소득층에게만 문호가 열려 있는 또 다른 형태의 소득
과 지위 상승을 추구하게 될 것이다. 인간의 욕심은 끝이 없는 것
이다.

  셋째, 인생에 있어서 즐거움이란 단지 고통이 없는 것만을 의미
하지는 않는다. 즐거우려면 자기에게 늘 긍정적인 자극을 가져다
주는 활동을 필요로 한다. 초호화 호텔이나 멋진 곳에서 아무 때
나 맛있는 식사를 할 수 있게 되고, 생활에 필요한 온갖 도구와 시
설을 갖추더라도, 오래지 않아 그것들로부터는 더 이상 즐거움이
나 행복을 느낄 수 없게 된다.

  인간은 언제나 새로운 모험이나, 흥미를 자극시켜 주는 활동을
경험하게 되기를 바란다. 그러나 그런 기회가 늘 주어지는 것은
아니다.

  인생에는 결코 공짜가 없다. 아무리 풍요롭다고 하더라도 그것
은 그냥 얻어지는 것이 아니다. 물질적 행복은 정신력을 통해 스
스로 욕구를 자제할 수 있을 때만이 가능다고 하겠다.

달라이 라마의 행복은 용서

행복은 남을 배려하고 용서하는 데서 온다. 달라이 라마는 행복해지기 위해 명상하고 수도한다고 말한다. 그는 행복의 뿌리를 배려와 용서에서 찾고 있다. 그래서 달라이 라마는 자기를 추방하고, 티베트를 침공한 중국에 대해서까지도 용서한다고 말한다.

남을 배려하고 자신에게 해서는 안 될 못된 짓을 한 사람을 용서하기란 그리 쉬운 일이 아니다. 불교에서 물고기를 방생하는 행사를 한다. 그것은 방생이 아니다. 다 자란 물고기를 잡아다 구속했다가 다시 물 속으로 내보내는 것은 남을 위한 배려라고 할 수 없다. 진짜 방생은 인간에게 해야 하는 것이다. 자기에게 잘못한 사람을 용서하는 것이 진정한 방생이다.

베드로가 '일곱 번 용서해 주면 되겠느냐' 고 물었다. 예수는 일곱 번씩 일흔 번이라도 용서해 주라고 말했다. 진실로 용서할 때 승리자의 삶을 살게 되는 것이다. "너희가 형제의 죄를 용서하면, 하늘에 계신 너희 아버지께서도 너희 죄를 사하여 주실 것이다." 고 했다. 그렇다면 아버지는 누구인가. 그것은 우주적인 사랑, 우주적인 능력, 우주적인 주권이 바로 아버지이다.

개인의 행복은 어디서 오는가

인간은 누구나 행복을 추구한다. 보통 사람에게는 행복이 곧 삶의 목적이기도 하다. 그렇다면 나는, 그리고 사람들은 왜 행복하지 않다고 느끼는 것일까. 그것은 우리의 삶에 기복이 많기 때문이다.

호화스러운 의식주 생활을 하면서도 늘 행복하다고 생각하는 사람은 그리 많지 않다. 젊은 남녀가 모여서 댄스파티를 하면서 산해진미로 쾌락을 즐기는 순간에는 행복을 느낄 수 있을지도 모른다. 행복한 순간에는 고뇌가 스며들지 않는다.

그러나 행복한 시간은 영원히 계속되지 않는다. 쾌락, 즐거움 따위는 순간에 지나지 않는다. 쾌락과 즐거움은 항상성(恒常性)이 없다. 사람들이 불안을 느끼는 까닭은 행복이 늘 계속되지 않을 것이라는 생각 때문이다.

항상성이 있어야 진정한 행복이다

누구에게나 호감을 주는 사람은 바로 언제나 변치 않는 마음, 즉 한결같은 마음을 가진 사람이다. 가난하게 살다 수십억 원짜리 복권에 당첨된 사람들이 모두 행복할 것 같지만 그렇지 않다. 한 두 해 동안은 행복을 느끼지만 세월이 흐를수록 그것도 시시하게 느껴진다는 것이 복권당첨자들의 공통된 말이다. 돈만이 항상 즐거움을 주지 않기 때문이다.

항상 즐거울 수 있다면 그것은 행복이다. 안락의 세계, 그것은 바로 극락세계이기도 하다. 그러나 늘 안락의 세계에서 즐겁게 살 수는 없다. 마음이 수시로 변하기 때문이다. 그러면 변치 않는 마음을 가지려면 어떻게 해야 하는가.

진아(眞我)를 찾아야 한다. 내 마음을 가장 잘 통제할 수 있는 것은 진아다. 진아는 '참 나'이고, 참마음이다. 진아는 결코 왔다 갔다 하는 일이 없다. 진아는 행복과 불행을 느끼지 않는다. 진아는 항상 같은 마음이다. 한결 같은 마음이다.

참 나는 '항상 변하지 않는 나'이다. 진아는 내 속에 있다. 내 속에 있는 그것을 찾으면 그것이 나를 행복하게 해 줄 것이고, 그것이 또한 나를 구원해 줄 것이다. 세속적인 '나'에 집착하는 마음을 놓아 버려 더 이상 놓아 버릴 수 없는 경지에 이르면 생명 본래의 나, 즉 참 나의 모습을 찾을 수 있게 된다. 그것이 바로 불생불멸의 '나'인 것이다.

기쁨이란 무엇인가

공자는 아침에 도를 통하면 저녁에 죽어도 좋다고 했다. 도를 통한 사람은 순간을 살아도 도를 통하지 못하고 장수한 사람보다도 훨씬 가치가 있다는 뜻이다. 그러니까 깨닫지 못하고 살아가는 삶은 불교에서 말하는 고해(苦海)요 고통의 삶이다. 진실로 깨치고 나면 육체가 살아 있다는 그 자체만으로도 행복한 것이다.

사람이 느낄 수 있는 기쁨은 다섯 가지다.

처음 세 가지는 의식주를 해결하는 데서 오는 기쁨이다. 잘 먹고 좋은 옷과 좋은 집에서 살 때 느끼는 기쁨이다. 이것은 인간의 아주 기본적인 삶이다. 이 세 가지는 동물들도 함께 느끼는 기쁨이다. 인간만이 추구할 수 있는 기쁨은 나머지 두 가지이다.

그 두 가지는 신성의 기쁨과 깨달음의 기쁨이다. 신성의 기쁨이란 무엇인가. 바로 남을 이롭게 하는 기쁨이다. 그 다음의 마지막 기쁨은 깨달음의 기쁨이다. 그것은 우주와 하나 됨으로써 얻어지는 기쁨이다. 인간이 세상에 태어나서 이 다섯 가지 기쁨을 모두 느꼈을 때 그때서야 인간의 참 완성이 이루어지는 것이다.

반딧불 기쁨

그렇지만 의식주를 통해 어느 정도 만족을 느낀 사람 가운데 나머지 두 가지 기쁨을 다 아는 사람은 수십만 명 가운데 한둘 정도밖에 안 된다. 세 가지 기쁨으로 소나 개, 돼지는 만족시킬 수 있지만 인간을 만족시키지는 못한다.

사람은 누구나 외로움이나 허전함을 느끼게 마련이다. 깨닫기 전에는 누구나 외로움을 느낀다. 그 외로움을 돈, 권력, 명예로 달래려고 한다. 그러나 그런 것들로 얻어지는 기쁨은 '반딧불 기쁨'이다. 반딧불처럼 순간적으로 느껴지는 기쁨에 지나지 않는다. 이성간의 사랑도 마찬가지다. 사랑이 식어버리면 허망한 것이다.

사람은 결국 기쁨을 느끼기 위해 산다고 해도 과언이 아니다. 기쁨 그것은 행복과도 같은 것이다. 기쁨은 부자가 되어야만, 큰 권력을 가져야만 느낄 수 있는 것은 아니다. 스스로 자기를 사랑해 주면서 기뻐할 수도 있다. 남이 사랑해 줄 때만 기쁨을 느끼는 것은 '고양이 기쁨'이다. 남이 쓰다듬어 줄 때만 기쁨을 느끼는 것은 고양이가 느끼는 기쁨과 다를 바 없다.

동물도 새끼를 사랑해 주고 기쁨을 느낀다. 그러나 홍익, 즉 널리 사람에게 이익을 주는 기쁨은 사람만이 느끼는 것이다. 인간이 외롭다는 것은 영혼이 외로운 것이다. 우리의 정신이 외로운 것이다. 따라서 사람은 영혼을 성장시켜야 한다.

영혼을 기쁘게 해야 하는 것이다. 몸은 땅에 묻히지만 영혼은 남는다. 그 영혼이 어떤 상태에 있는 영혼이며 얼마나 성장했는가가 중요하다. 의식주의 기쁨만 먹고 살아온 영혼은 동물의 영혼과 다를 바 없다. 영혼이 신성으로 화하기 위해서는 남을 돕는 기쁨, 우주와 통하는 깨달음의 기쁨을 맛볼 때 가능한 것이다.

육체를 가진 이상 동물적인 기쁨도 중요하다. 그러나 몸이란 흙으로 돌아가야 하는 빌려 쓰고 있는 물건일 뿐이다. 인간의 영혼은 육체라는 셋방을 얻어 살아가다가 언젠가는 다시 주인인 우주에게로 되돌아가야 한다. 의식주를 해결하고 더 나아가 홍익하는 기쁨과 깨달음의 기쁨까지 느낄 때 이 세상에 태어난 진정한 보람을 가지게 되는 것이다.

'감사합니다'가 복을 준다

나의 두 아우 중 한 명은 IMF 경제난국 때 직장을 잃었다가 2005년 봄 어렵사리 어느 제약회사 외판사원으로 취업했다. 실직될 당시보다 사실 민간경제는 지금이 더 어려운 게 현실이다. 한의원들도 고객이 없어 울상을 짓는 판국에 그 한의원을 대상으로 약을 판매하는 제약회사에 취업했으니 세일즈 활동에 어려움이 뒤따를 수밖에 없었다.

그래서 아우는 띄엄띄엄 흩어져 있는 한의원을 한두 번도 아니고 여러 차례씩 방문하면서 고전을 면치 못했다. 여러 달 동안 수입도 없는 판매직을 포기할까도 생각하다가 "정성을 다하면 꼭 결과가 있게 마련."이라는 말을 듣고 희망을 버리지 않고 꾸준히 판촉을 해 나갔다.

그러던 어느 날 다섯 번째 드나든 한의원에서 작은 양이긴 하지만 첫 주문을 받았다. 너무나 기뻤다. 한의원 문 밖을 나와서는 그 집을 향해 큰 소리로 "감사합니다."고 외치면서 길바닥에 넙죽 엎드려 큰 절을 세 번하고 물러섰다.

길가는 사람들이 쳐다보건말건 그런 것은 전혀 개의치 않았다. 그런 다음 다른 한의원을 찾았다. 거기서도 주문을 받았다. 세 번째 방문한 집에서도 다음 번에는 꼭 주문하겠다는 약속을 받았다. 그 후 그의 판매활동은 순조롭게 이루어졌다. 주문을 받을 때마다 말로써 뿐만 아니라 마음속으로 늘 감사한 마음을 간직하곤 한다.

정성을 다하면 보답이 있다는 사실은 흔히 경험하는 일이다. 그러나 그 보답에 대해 감사한 마음을 오래도록 간직하기란 쉬운 일이 아니다. 내 주변의 모든 것에 감사하는 마음을 가질 때 복을 받게 될 것이다.

사람이 혼자 힘만으로는 자기의 생명을 부지하기란 불가능하다. 우리는 흔히 목숨의 근원이 몸속에 있다고 생각한다. 그러나 인간 생명의 뿌리는 하늘과 땅에 뿌리를 박고 있다. 한 곳에 뿌리 박고 있는 식물과 조금도 다름없는 더부살이 생명인 것이다. 코로는 하늘이 들어오고 입으로는 땅이 들어온다.

하늘과 땅, 즉 천지가 나의 생명인 것이다. 따라서 우리는 천지에서 왔다가 영원한 고향인 천지로 돌아가는 것이다.

생명의 근원이 천지에 있음을 알게 되면 '그대와 내가 하나'라는 진리를 깨닫게 될 것이다. 내 몸속을 타고 흐르던 공기가 바로 옆 사람의 가슴으로 흘러들어가고 다른 사람의 옷자락을 흔들고 온 바람이 내 코끝을 간지럽힌다.

천상천하 유아독존(天上天下唯我獨尊), 즉 이 세상에 존귀하게 우뚝 선 내 몸은 온 세상과 연결돼 생명을 부지한다. 햇빛, 공기, 물, 땅, 지구촌 곳곳에 사는 사람들이 다 내 생명을 유지시켜 주는 은인들이다. 그러므로 인간을 비롯한 천지만물에게 우리는 늘 감사하는 마음을 잊지 말아야 한다. 감사할 줄 아는 마음이 곧 겸손의 표시요, 선한 마음의 표현인 것이다.

메시아는 누구인가

기독교에서는 재림예수가 곧 온다고 하고, 불교에서는 미륵불이 곧 나타날 것이라고 한다. 그러면 재림예수는 누구이고, 미륵불은 누구인가. 사람은 누구나 거룩한 존재다. 하느님의 형상대로 지어졌기 때문이다. 영과 육은 다같이 중요하다. 인간이 영적으로 성장할 수 있는 것은 육신을 바탕으로 하기 때문이다. 육신이 성장하듯 유체, 즉 영혼도 성장한다.

사람은 누구나 메시아가 될 수 있다. 그렇다고 만인이 메시아가 되는 것은 아니다. 메시아가 되려면 몇 가지 조건을 갖추어야 한다. 첫째, 스스로 진리의 말을 할 수 있어야 한다. 둘째, 진리의 말씀대로 행동이 뒤따라야 한다. 셋째, 모든 사람을 평화롭게 살 수 있도록 배려하는 행동을 해야 한다.

진리의 말을 할 수 있으려면 몸소 깨달아야 한다. 우주, 즉 신과 하나가 된 사람에게서는 그 입에서 스스럼없이 진리의 말씀이 튀어나오게 되어 있다. 세상에는 자칭 도인이 많다. 남에게는 자신이 진리가 된 것처럼 설법한다. 그러나 말과 행동이 다르다.

재물과 명예욕에 가득찬 자칭 도인도 수두룩하다. 그런 사람이 아무리 진리를 말해 보아야 그것은 헛소리에 불과하다. 모든 사람들이 함께 평화롭게 살 수 있도록 세상 사람들을 계도해 나가야 진정한 메시아라 할 수 있다.

그런 일을 하는 사람이라면 누구라도 메시아를 자처해도 좋다. 그러나 앞에서 말한 세 가지 조건을 다 갖추지 않더라도 이웃을 위해 봉사하는 사람도 작은 메시아다. 메시아는 인류를 구원하는 사람이기 때문이다.

이 세상에는 앞으로 수많은 메시아가 나타날 것이다. 인류가 완전히 구원받는 그날까지 끊임없이 크고 작은 메시아는 나타나야 한다.

한 사람의 메시아가 인류 전체를 구원할 것이라는 생각은 옳지 않다. 우리가 마음공부를 하는 까닭도 메시아가 돼서 나를 구원하고 이웃을 구원하기 위함이다.

그대가 메시아이고, 용서하는 자다

동서고금의 어느 시대, 지구촌 어느 곳에서나 항상 수많은 메시아가 나타났다. 우리 나라 정감록에서 세상을 구원하는 '정도령'이 나타날 것이라고 예언한 것도, 사실은 많은 깨친 사람이 나타날 것이라고 예측한 것에 불과하다.

인류가 의식주를 해결하기 위해 물질적인 생활을 계속하는 한 완전한 평화사회를 실현하기는 불가능하다. 인간이 생각하는 아무리 훌륭한 메시아가 오더라도 갈등이 없는 사회를 만들 수는 없다. 육체를 가지고 사는 사회에서 천국이 온다고 주장하는 것도 혹세무민하는 일이다.

모든 종교와 마음공부를 하는 단체에서 '너 안의 너'를 발견하라고 강조한다. "내 안의 나를 찾으면 찾은 그것이 나를 구원할 것이고, 내안의 나를 찾지 못하면 찾지 못한 그것이 나를 파멸시킬 것이다." 이 말은 진리 중의 진리이다.

내 안의 나는 진아(眞我), 즉 '참 나'를 말한다. '참 나'는 바로 하느님이고 부처이고, 알라이다. 그것은 또한 우주 자체이다. 나를 심판하는 자, 나를 심판할 수 있는 자는 과연 누구인가. 재판관인가. 염라대왕인가. 어느 누구도 결코 나를 심판할 수 없다.

바로 '참 나'만이 그것을 할 수 있다. '참 나'만이 내 안의 진실을 알고 있기 때문이다.

그렇다면 나를, 개개인을 구원할 수 있는 사람은 누구인가. 그것도 바로 나 자신뿐이다. 아무리 위대한 성인이 나타난다 하더라도 남을 구원하기는 어렵다. 성인이 할 수 있는 일은 '사람이 구원받기 위해 언동을 어떻게 하라.'고 일러줄 수 있을 뿐이다. 자신의 진아를 발견해 스스로 구원을 받지 않으면 안 된다.

나를 용서해 주는 이는 누구일까. 그 또한 '참 나'이다. 내가 진정으로 참회하고, 용서를 빌어야 할 대상은 바로 '참 나'이다. '참 나'야말로 나를 구원해 주고 나를 용서한다. 참 나에게서 용서받지 못하면 나는 결코 구원받을 수 없다.

이것은 매우 중요한 말이다. 내 속의 진정한 나를 찾아내어 스스로 구원받기 위해, 인간은 한평생을 몸부림치는 것이다. 메시아는 바로 여러분 자신이다.

　그리스교 일부에서는 누구나 무조건 구원받는 것이 아니라, "하느님을 공경하고 믿는 자들만 구원받는다."며 조건부 구원관을 내세운다. 하느님을 공경하고 믿는 자는 죽은 후에 부활하여 영생을 얻을 수 있다고 주장한다. 영생할 수 있는 그곳을 천당이라 말한다. 구원받지 못하면, 지옥에 가게 되는데, 일단 들어가면 다시 나올 수 없는 오직 형벌만을 받는 곳이라고 가르치고 있다. 이것이 그리스교의 사후관이다.

　그러나 불교에서는 남이 구원해 주는 '영혼의 구원'이란 없다. 몇 해 전 입적하신 성철 큰 스님은 "불교에는 근본적 의미에서 구원이란 절대로 없다. 깨치고 나면, 모든 존재가 전부 부처이고, 모든 처소가 다 청정한 국토, 즉 정토(淨土)이기 때문이다."고 설명했다.

　사실 마음의 눈을 뜨고 보면, 우주법계 전체가 부처 아닌 존재가 없고, 불국토(佛國土) 아닌 곳이 없는 것이다. 마음의 눈을 뜨면 자기가 본래 부처임을 알게 되지만, 마음의 눈을 뜨지 못하면 캄캄한 밤중이나 다름없다.

　마음을 깨치지 못하면, 이 세상이 지옥이요, 불난 집이나 다름없다. 마음을 깨치면 피안(彼岸)이 따로 있는 게 아니라, 바로 내가 사는 이 자리, 지금 현재가 피안이요, 낙원인 것이다.

마음의 눈을 뜨기 위해, 불교에서는 화두참선(話頭參禪)을 통해 탐진치(貪瞋癡)의 삼독(三毒), 즉 욕심내고, 성내고, 어리석음의 세 가지 마음을 없애라고 강조한다. 그러나 그 중에서도 가장 근본인 탐욕의 마음만이라도 제거하면, 마음의 눈은 자연적으로 뜨이게 된다고 가르친다.

자기가 부처요, 곧 하느님인데 누구로부터 구원을 받아야 할 것인가. 빌더라고 자기 속의 하느님께 빌어야 옳다. 각 개인이 지은 죄는 자기 스스로에게서 용서 받아야 한다. 아무리 상대에게 잘못을 뉘우치고 용서를 빌더라도 그것은 겉모양일 뿐이다. 자기 마음 속에서 진실로 뉘우치고 자기 속의 하느님께 용서받지 않으면 진정으로 뉘우쳤다고 할 수 없는 것이다. 모든 용서는 자기가 한다는 점을 깨달아야 한다.

영적 존재를 인정하라

영(靈)은 무엇인가. 영은 모든 만물을 살아 움직이게 하는 근본적인 힘이다. 우리는 영이 존재하고 있다는 사실을 받아들이기만 하면 영적인 힘을 사용할 수 있다. 만물을 살리는 영적인 진동의 존재는 모든 곳에 퍼져 있다. 따라서 그 영적인 진동이 나를 통해 흘러가도록 하기만 하면 되는 것이다.

육체를 초월한 영역을 영이라 한다. 육체의 통제력이 한계에 달할 때 영이 통제를 시작한다. 몸의 활동에 영향을 끼치고 제한하는 것은 영의 몫이다. 영은 육체를 이루는 모든 원자들 속에 깊숙이 침투해 있다. 영은 또한 우주에 편재해 있다.

우주는 창조적인 마음(great creative substance)과 일체이다. 그러므로 위대한 신적인 원리가 우주를 가득 채우고 있다. 참 나인 하느님은 만물 속에 편재한 우주정신(cosmic spirit)이다.

인간의 본질은 육체가 아니다. 인간은 본질적으로 아트마(영혼, 또는 참 자아=진아)이다. 잠시 입는 옷과 같은 육체를 자기 자신과 동일시해서는 안 된다. 인간은 인생의 흥망성쇠와는 관계없는 영원한 존재이다.

인간은 태어났기 때문에 어쩔 수 없이 살아야만 하는 타락된 그런 경멸스런 존재가 아니다. 인간은 불멸의 영원한 존재이다. 그러므로 영원한 곳, 즉 우주의 부름이 있으면 뜨거운 가슴으로 기꺼이 그에 응답해야 하는 것이다.

미국의 과학자들은 지금도 영의 존재를 과학적으로 입증하기 위해 끊임없이 연구를 거듭하고 있다. 그러나 영의 존재를 과학적인 방법으로 입증하기란 불가능하다. 미국 과학자들은 밝은 날 바깥에 나가 하늘을 쳐다보아야 한다.

그러면 거기에는 수많은 영적 존재들이 빛을 내며 반짝거리는 겨자씨보다 작은 것들을 볼 수 있을 것이다. 영은 하늘을 꽉 채우고 있다. 그러나 과학자들은 그런 사실을 모르고 있는 것이다. 참으로 안타까운 일이다. 여러분들도 그것을 볼 수 있다.

여류 작가 메리 로취가 쓴 「스푸크」(spook)’에 보면 미국 내·외과의사 맥두걸이 영혼의 무게를 달았는데 21g이라고 밝혔다고 소개하고 있다. 맥두걸은 동료 의사들과 함께 1901년 4월 10일 오후 5시 30분 죽음이 임박한 결핵환자를 저울대 위에 올려놓고 3시간 40분 동안 환자를 지켜보았다. 환자가 숨이 끊어지는 순간 갑자기 저울 눈금이 아래로 떨어지면서 다시는 올라가지 않는 것을 관찰했다. 줄어든 무게는 미국 무게 단위로 4분의 3온스, 즉 21g이었다는 것이다.

맥두걸은 그 뒤 5명의 환자를 대상으로 더 실험했으나 그와 비슷한 결론을 얻는 데는 실패했다. 그래서 21g를 영혼의 무게라고 주장하기에는 실험 방법의 미숙, 다른 과학자들의 의견과 여러 가지 구체적인 정황을 따져 보건대 미흡한 내용이 많다는 것이다. 우리 나라에서는 맥두걸의 실험을 인용해 영혼에 무게가 있다고 말하는 어설픈 도인도 있다.

이밖에도 20세기 말까지 미국에서 ‘영혼에 대한 물리 이론’ ‘영혼의 물리적 무게 달기’ 등의 이론을 내세우면서 개와 쥐를 통해 영혼의 무게를 달아보는 실험을 했으나 모두 실패했다. 의식도 정보를 가진 에너지이므로 지극히 소량이지만 무게를 가지고는 있을 것이지만 실제로 저울로 달기는 불가능하다고 주장하는 학자도 있다.

영혼은 유체다

그렇다면 의식 에너지는 어디로 꺼져 버린 것인가. 둥둥 떠다니는 틀이 잡힌 의식 에너지가 과연 존재하는가. 의문은 꼬리를 문다. '내세 실험' '죽음 가설의 재검토'와 같은 논문에서도 영혼의 무게를 확인하지는 못했으나 죽은 사람과의 의사를 주고받을 수 있는 영매들이 존재한다는 사실은 확인해 주고 있다.

미국 애리조나대학교 심리학 교수 게리 슈워츠는 "인간의 육체가 죽으면 그 속에 들어 있던 자아 또한 종지부를 찍는다는 것을 실제로 증명한 사람은 아무도 없다."고 강조한다.

'영혼은 유체다.'라는 사실에 대해 구미의 영혼 연구가들은 모르고 있는 것이다. 그것을 알지 못하면 영혼 문제는 영원히 풀 길이 없다. 유체는 살아 있는 육체 속에서는 마음이요, 사후에는 육체를 떠나 영혼이 되는 것이다. 영혼은 의식을 가진 정보체 에너지다.

우주인들이 신을 보는 눈

어린 아이들의 우주는 자기 집뿐이다. 차츰 자라나면서 이웃과 자기 동네를 알게 된다. 자기 집의 틀 안에서 바깥세상으로 경험과 시야를 넓혀가면서 사회관, 국가관, 세계관에 대한 관념을 넓혀간다.

일생 동안 고향을 떠나보지 못한 사람과 큰 도시로 나가서 활동한 사람 사이에는 생각의 폭이 다르다. 또 해외를 무대로 뛰는 사람과 해외여행조차 못한 사람 사이에는 사물을 보는 방식과 사고방식에 많은 차이가 있게 마련이다.

따라서 지구를 바깥에서 바라 본 우주비행사들은 지구에서만 살고 있는 우리들과는 세상을 보는 눈이 다를 수밖에 없다. 그들은 세계를 좌지우지하는 미국의 정치가들을 보면 너무나 낡고 고루한 사고방식에 젖어 있다고 한결같이 비판한다.

달에서 지구를 바라보면 우리가 달을 보는 것 같이 크게 보이는 것이 아니라 직경 2cm 크기의 구슬 크기 정도로밖에 보이지 않는다고 한다. 그러면 거기에 사는 사람들은 개미보다 더 작게 느껴지는 것은 당연한 일이다. 지구가 농구공처럼 보이다가 점점 멀어지면서 야구공과 골프공 크기 정도로 보이다가 마지막 달에서는 푸른 구슬처럼 보였다는 것이다.

지구는 작은 구슬일 뿐

이처럼 우주에서 보면 지구는 하나의 작은 구슬일뿐 지구상의 인간들이 생각하는 '너와 나' '내편과 네편'이라는 개념 같은 것은 있을 수 없다. 지구는 화기 속에 공보다 작은 하나의 떠 있는 물체에 지나지 않는다.

더구나 인간들이 지구에 인위적으로 그어놓은 국경 따위는 상상조차 할 수 없을 것이다. 그런데도 그 좁은 땅덩어리에서 서로 땅을 빼앗고 패권을 다투기 위해 온갖 무기를 개발하고, 남을 해치기 위해 갖은 술수를 사용하는 인간들이 불쌍하게만 여겨진다는 것이 우주인들의 지적이다. 우주를 바라보는 시각이 그만큼 넓어졌다고 하겠다.

또 지구 궤도만을 돌아본 우주인과 달 주위를 돌아본 우주인, 그리고 달에 직접 발을 내디딘 우주인 사이에도 시각의 차이는 있게 마련이다. 인간이 처음으로 다른 천체에 발을 디뎠을 때 지구인들은 엄청난 충격을 받았다. 지금은 달 착륙이 일상적인 일로 생각되지만, 60년대 이전에는 신도 감히 해내기 어려운 기적이었다.

미국인으로서는 처음으로 머큐리 3호로 우주체험을 한 앨런 셰퍼드는 "떠나기 전에 나는 썩은 개새끼였지만, 이제는 그냥 개새끼다."라는 말을 남겼다. 자신이 영적으로 한 단계 높아졌음을 알리는 말이다.

인간으로서는 최초로 지구궤도를 선회한 소련의 유리 가가린은 "하늘에 신은 없었다. 주변을 매우 열심히 둘러보았지만, 역시 신은 보이지 않았다."고 했다. 이는 무신론자인 소련 공산주의자가 기독교 국가인 미국에 대한 우월감을 표시한 말이다. 이 충격적인 발언은 신을 모독했다고 믿는 미국이 소련과 우주경쟁에서 이겨야겠다고 다짐하게 한 또 하나의 원인으로 작용하기도 했다.

우주인들은 기독교인들이다

미국 우주인들은 교파는 다르지만 모두 기독교인들이다.

아폴로 15호 비행사 제임스 어윈은 달 표면에서 신의 존재를 느끼고, 훗날 재단을 설립해 유명한 전도사가 됐다. 그가 미 항공우주국에서 찾기를 원했던 제네시스 락(genesis rock=창세기의 돌)이라는 하얀색 회장석을 달에서 채취할 때 이야기다. 이 돌은 지구를 포함한 태양계가 46억년 전에 만들어졌다는 종래의 가설이 사실임을 뒷받침해 주는 의미 깊은 돌이다.

"이 돌은 먼지투성이의 돌 위에 깨끗한 모습으로 우뚝 솟은 듯한 형상이었다. 마치 '저 여기 있습니다. 어서 갖고 가 주세요' 하고 말을 거는 듯이 보였다." 어윈은 달에서, 신이 거기에 존재하고 있음을 실감했다고 한다. 그는 돌을 채취하면서 달 위에 신이 있는 것이 아니라 손을 뻗으면 신의 얼굴을 만질 수 있을 것처럼 느껴졌다고 했다.

"지구 외에는 어디에도 생명이 있다고 느껴지지 않는다. 자신의 목숨과 지구의 생명이 가느다란 실로 연결되어 있으며, 그것은 언제 끊어질지도 모른다. 나와 지구는 거대한 우주 속에서 가냘프고도 약한 존재다. 이 무력한 존재가 우주 가운데 생존하고 있다는 것은 신의 은총 없이는 불가능하다."는 사실을 깨닫게 된 것이다.

"달에서 지구를 올려다보면 (내려다보는 게 아니다. 달을 향해 갈 때는 지구를 아래로 내려다보게 된다.) 신의 은총을 느끼지 않을 수 없다. 신의 모습을 보았거나 목소리를 들은 것이 아니라 신의 목소리가 들릴 듯했으며 내 곁에 살아 있는 신이 존재한다는 것을 알았다."고 한다. 어원은 신적 존재와 교감하는 체험을 한 것이다.

이처럼 신적 존재 또는 영적 존재와 합일, 혹은 교감했다는 체험은 여러 종교에서 다 나타난다. 예수, 석가, 알라를 만나 대화를 나누거나 계시를 받았다는 이야기는 많은 사람들이 증언하고 있다. 이러한 체험을 '신비 체험'이라고 한다. 우주 체험을 한 우주인들은 한결같이 이처럼 아름다운 지구가 우연히 탄생됐을 리가 없으며, 신의 힘이 아니면 지구 탄생은 불가능하다고 말한다.

종교의 신비적인 체험의 특징은 그 속에 항상 우주 감각(cosmic sense)이 있다는 점이다. 신비적인 체험을 얻기 위해서는 우주가 최고의 장소이다. 역사상 위대한 사람들은 모두 땅에서 우주 감각을 얻었을 수 있었던 분들이다. 우주인들은 우주로 날아가서 그 속에서 우주 감각을 얻었다. 그렇지만 마음 수련을 하는 사람들은 마음이 우주로 날아가서 우주 수련을 하게 된다.
수련 첫 단계인 지구점 수련을 우주에서 하는 이유는 우주 감각을 키워 깨달음을 얻으려는 데 있다.

신은 누가 만들었나

우주인들은 기독교 신이나 다른 종교의 신은 모두 하나라고 말한다. 우주 체험을 해 보면 모든 종교에 대한 편견을 버릴 수 있다고 한다. 우주에서 보면 어떤 종교도 지방 종교일 뿐이다.

각 종교마다 독특한 종교 이론을 내세우지만 모든 지역과 인류에게 보편적으로 적용될 수 있는 진리는 종교나 지역마다 다를 까닭이 없다. 우주에서 보면 국경선은 없으며, 종파 같은 것도 아무런 의미가 없다. 따라서 신은 하나뿐이다.

신은 일자(一者)인 동시에 일체자(一體者)이다. 하나이면서 전부이다. 하나 속에 전부가 있고, 그 전부는 또한 하나이다. '삼일신고'에서도 하나님은 일신(一神)이라고 강조했다.

우주는 만물에게 질서와 조화, 균형을 유지해 주고 있다. 1천억 개의 은하계 별들이 질서정연하게 움직이게 하는 것이 우주요, 화기다. 지구에 사계절이 있고, 모든 천체가 돌아가는 것은 우주의 엄격한 질서에 의해서다. 그래서 그 배후에는 하느님과 같은 인격적인 신이 있다고 상상한 것이다.

신이란 신적인 모습의 표현

신이란 우주에서 진행되고 있는 신적인(divine) 모습을 표현하기 위한 말에 지나지 않는다. 그것이 바로 종교에 따라 다양한 이름을 붙이게 된 배경이다. 부처, 여호와, 하나님, 알라도 모두 우주를 주재하는 하늘을 다른 눈으로 보고서 붙인 하느님의 다른 이름에 불과하다. 종교끼리 갈등을 빚는 까닭은 각기 저차원적인 진리를 갖고 있기 때문이다.

각 종교 창시자들은 모두 인간 자의식(에고)의 속박으로부터 벗어나 세계의 정신적 일체성에 도달한 사람들이다. 즉 궁극적 실재와 합일을 이룬 사람들이다. 우주의 궁극적 실재, 즉 화기와 하나 되는 체험을 할 때 인간은 살아 있는 신이 되는 것이다. 신이란 우주 영혼, 혹은 우주정신(cosmic spirit)이다. 또는 우주지성(cosmic intelligency)이라 해도 된다. 신(God)은 우주 자체이자 하느님이다.

우주는 거대한 하나의 사유체이다. 그 사유에 따라 진행되고 있는 것이 우주 질서이다. 우주의 본질은 물질이 아니라 영적 지성이다. 이것이 신의 본질이다. 그래서 사람들은 우주를 거대한 인격체로 생각하게 된 것이다. 하느님은 본래 영이다.

「가이아」(Gia)란 책을 쓴 미국의 제임스 러브룩의 지적대로 지구는 '살아 있는 유기체'이다. 지구 그 자체는 '하나의 거대한 생물'이기도 하다. 거기에 인간이 기생해 사는 것이다.

지구와 인간관계는 마치 인간의 몸속에 박테리아가 살고 있는 것과 같다. 우주인들은 박테리아가 인간의 몸을 빠져나가 인간의 전체 모습을 본 것과 같은 정신적인 충격과 함께 신비로운 체험을 한 것이다.

물질세계의 이론을 끝까지 추구했던 아인슈타인도 만년에는 "우주는 물질이라기보다는 일종의 사유하는 것과 같은 게 아닐까 생각된다."는 말을 남기고 갔다. 물질을 깊이 추구하다 결국 정신 세계에까지 이르게 된 것이다.

그러나 후대 사람들은 스스로 자의식의 속박에서 벗어나는 정신적인 깨달음에 이르지 못했기 때문에 태초의 종교 진리로부터 멀어지게 된 것이다. 아무리 훌륭한 종교적인 진리를 내세우더라도 그 속에서는 깨달음을 얻을 수가 없다. 우주 진리와 합일하는 체험을 하게 될 때 비로소 깨달음이 오는 것이다.

2

누구나 쉽게 부처된다

법륜불(法輪佛) 수련법

지구점 수련법

법륜불 수련을 하기 전에 먼저 지구점 수련법을 완성시켜야 한다. 지구점 수련법은 마음을 깨끗이 비우고 닦는 수련법이다. 이 수련법은 본인의 저서 「누구나 쉽게 깨닫는다」에서 자세히 설명해 놓았다. 여기서는 법륜불 수련의 전제 조건이 지구점 수련법의 터득이기 때문에 아주 간략하게 소개한다.

직경 1cm 내외의 검은색 종이로 만든 둥근 원을 준비한다. 그것을 수련하는 장소 바닥에서 30-40cm 높이의 벽에 붙인다. 수련자는 벽과 1m쯤 떨어진 곳에 바른 자세로 앉는다. 이것으로 수련 준비는 모두 끝이다.

구체적인 수련방법은 매우 간단하다. 자기의 모든 과거사를 기억나는 대로 지구점을 향해 던져 넣는다. 마치 하루의 일과를 일기장 쓰듯 내 일생의 모든 기억들을 되뇌어서 지구점으로 넣기만 하면 된다. 기억을 잘나게 하기 위해서는 태어날 때부터 지금까지의 전 생애 경험들을 10대, 20대, 30대, 40대, 50대, 60대로 끊어서 생각해 내든지 또는 유아시절, 초 · 중 · 고 · 대학 시절, 직장생활 시절 식으로 나누어도 된다. 내 모든 비밀들도 지구점으로 버린다.

내 인생을 한 바퀴 돌리는 데는 2-3시간에서 4-5시간씩 걸릴 수 있다. 여기에는 좋은 기억, 나쁜 기억뿐 아니라 가족, 친구들과의 모든 관계되는 기억들을 다 떠올려 넣어야 한다. 눈은 반쯤 감은 상태가 좋다.

내가 갖고 있는 의식세계, 전의식세계, 무의식세계를 모두 깨끗이 비워내야 한다. 적어도 두세 달 정도의 수련을 거치면 내 의식에 어떤 변화가 나타나는 것을 확연히 느낄 수 있을 것이다. 평생 동안 일기장을 한 번도 써 본 적이 없거나 스스로 반성의 기회를 가져보지 못한 사람은 바로 '이것이구나!' 하는 느낌이 들 것이다.

여기서 수련과정에 한 가지 꼭 전제해야 할 것은 내가 수련하는 곳이 수련장이 아니라 우주 한가운데 있다고 생각해야 된다는 점이다. 그러니까 내 몸은 여기에 있지만 내 마음은 저 맑고 텅 빈 우주에 가 있어야 하는 것이다. 텅 비어 있으면서도 청정무구한 우주야말로 곧 나의 진정한 마음자리이기도 하다.

하늘 우주에서 지구를 바라보아야만 객관적으로 나를 바라볼 수가 있는 것이다. 내가 달 속에 있으면 달을 볼 수 없듯이, 내가 내 속에 갇혀 있으면 나의 진실을 깨달을 수가 없는 것이다. 우주 멀리서 지구를 바라보면 깨알보다도 더 작게 보일 수도 있고 그야 말로 티끌에 불과하다는 생각이 들 수도 있다.

그 작은 공속에서 인간들이 바득바득 살아가고 있는 것이다. 대 우주와 같은 넓은 마음으로 바라보면 지구인들이 불쌍하게만 보 일뿐이다. 우리가 공부하는 곳은 지구가 아니라 대우주인 것이다.

지구를 떠나 우주에 앉아 공부를 하다 보면 내 마음은 한없이 넓어지게 된다. 내 마음이 진정으로 우주만큼 커졌다고 생각될 때 대각이 온다. 사실 깨달음이란 '마음을 활짝 여는 것'을 말한다. 내가 우주만큼 마음이 커져 우주가 됐는데 더 이상 바랄 것이 무 엇이 있겠는가. 모든 것은 우주인 내 속에 다 있는데 무슨 시시비 비가 필요할 것인가. 지구점 수련만 열심히 할 수 있다면 다른 수 련의 필요성을 느끼지 않을 수도 있다.

지구점 수련을 통해 이미 상당한 경지에 오른 사람이라면 법륜불과 불법석 수련법은 쉽게 익힐 수 있다. 그동안 지구점 수련만으로는 부족하다고 느끼는 사람들이 의외로 많았다. 그래서 수련의 깊이를 더해 주기 위해 창안된 것이 법륜불 수련법이다.

법륜불 수련법은 자기 눈앞의 허공에서 상상으로 부처를 만들어 자기 가슴 속에 모시는 수련 과정이다. 한 번 자기 속에 모셔진 부처는 정성껏 잘 간직해야 한다. 자기 속의 부처는 지구가 멸망해도 없어지지 않는다. 법륜(法輪)은 법을 돌린다는 뜻이다. 법을 돌려 부처를 만드는 것이 법륜불 만들기다.

법륜불을 만들면 진짜 법열(法悅)이 일어난다. 법열은 화기 전체와 완벽하게 하나가 됐을 때 일어난다. 그것은 남녀간의 성 접촉 때 일어나는 오르가즘보다 훨씬 강렬하다. 오르가즘은 상대에게 정자와 난자를 주고받을 때만 생기는 것이다. 그러나 법열은 내 속에서 일어난다. 영적으로 불을 지피는 것이다. 그것을 영화(靈火)라 일컫는다.

도락(道樂)이란 바로 그런 것이다. 수련을 통해 얻을 수 있는 즐거움인 것이다. 우리가 마음 수련을 하는 것은 도락을 느끼기 위해서가 아니다. 그러나 수련을 열심히 하다 보면 환희심이나 법열이 일어나게 되어 있다. 그것은 마음수련의 부차적인 소득이라고 하겠다.

이제부터 법륜불 수련법을 하나씩 소개한다.

〈법륜불 만들기〉
제1단계; 소원 쓰기

상상으로 A4 용지를 만든다.

앞면에는 내가 원하는 내용을 적는다. '나는 앞으로 세상살이를 이렇게 하겠다.'는 원대한 포부와 맹세를 쓴다. 신라 성덕왕의 아들 김 교각스님이 중국 당나라로 건너가 "지옥에 중생이 한 명도 없어지기 전까지는 결코 성불하지 않겠다."고 서원해 지장보살이 됐다. 교각스님처럼 세상 사람들을 위해 나는 꼭 이것만은 하고야 말겠다는 서원을 적는다.

김 '지장보살'은 서기 757년 중국 안후이(安徽=안휘)성 구화산(九華山)으로 건너가 794년 입적했는데, 세속 나이 99세였다. 그의 유골을 모신 탑이 육신탑(肉身塔)이다. 중국은 그곳에 2005년 초 155m 높이(좌대를 제외한 불상 높이만 입적 나이인 99m)의 세계 최대 지상보살상을 세웠다. 주화산은 관세음보살의 푸퉈(普陀=보타)산, 보현보살의 어메이(峨眉=아미)산, 문수보살의 우타이(五臺=오대)산과 함께 중국 불교 4대 성지의 하나다.

이처럼 남을 위해 살다간 지장보살과는 전혀 반대 서원인 나 혼자 큰 부자가 되겠다고 맹세한다면 오히려 신세를 망칠 수 있다. 자기 자신의 사리사욕을 채우겠다는 내용을 적어서는 안 된다. 정말 굳건한 마음가짐으로 세하(世下)가 되어 이제부터 중생을 위해 무엇을 어떻게 하겠다는 내용을 담는다.

뒷면에는 나의 과거 모든 잘못과 뉘우침, 회개, 참회, 나만이 아는 비밀을 하나하나 적어 넣는다. 나의 서원과 참회 내용을 자기한테 심고(心告)하는 것이다.

그런 다음 이 용지를 실에 꿰어 목에 건다. 이틀 동안 나의 서원과 비밀들에 대해 진실한 마음으로 깊이 묵상한다.

제2단계; 창틀 통해 세상보기

둘째 날은 A4 용지를 떼낸다. 그러면 처음에 적었던 내용은 청각의 성신 4분이 내려와서 거두어 간다. 내가 기록한 내용은 성신들이 청각에 보관한다. 이 성신들은 내가 죽은 다음에도 나를 청각으로 인도한다. 다음에는 A4 용지 크기만큼 깨끗한 유리로 바꾸어 목에 건다. 백지는 투명하지 않으나 유리는 투명하다.

이 유리를 들고 사방을 바라보라. 유리가 있되 그 유리를 통해 바라보이는 것은 무엇일까. 화기(和氣)처럼 투명하게 있는 그대로 보인다. 더러운 것은 더러운 모습으로, 깨끗한 것은 깨끗한 모습으로, 아름다운 것은 아름다운 모습으로 눈에 비쳐진다. 이것이 창문을 통해 세상 바라보기 수련이다.

유리를 계속 바라보면서 유리처럼 투명하게 살아보자.

내가 유리라면 과연 그렇게 투명할 수 있을까. 내 마음의 모든 것이 맑고 밝고 깨끗할 수 있을 때 다음 단계로 넘어간다.

제3단계; 크리스탈 조각하기

상상으로 네모 반듯한 투명 크리스탈을 정4면체로 만든다. 가로 세로 높이가 각 40cm 내외가 되도록 한다. 배꼽에서 자기 눈높이까지의 크기이다.

정4면체의 두께가 어느 방향에서 보더라도 꼭 같아야 한다. 수정같이 맑은 크리스탈을 내 목에 걸어야 한다. 자칫하면 잡티가 끼일 수도 있으므로 크리스탈을 깨끗하게 만들어야 한다. 그것이 완성되면 다음 단계로 넘어간다. 전후 좌우 상하로 바라보았을 때 티끌 하나 없이 맑고 투명한 크리스탈이 돼야 한다. 하루 이틀이 넘게 걸릴 수도 있다.

제4단계; 얼굴 조각하기

정4면체의 크리스탈에 자기 얼굴과 똑같은 모양의 형상을 상상으로 조각한다. 조각을 할 때는 원칙적으로 눈을 반쯤 뜨고 한다. 즉 반개(半開) 상태에서 조각한다. 눈을 뜬 상태에서 잘 안 될 때는 눈을 감은 채 조각해도 된다.

눈, 코, 입술, 귀, 뺨, 턱, 목, 어깨, 허리, 가슴, 등, 팔다리, 손목, 손가락, 엉덩이, 허벅지, 무릎, 종아리, 발목, 발가락 등을 자기 모습대로 세밀하게 조각한다.

이때 수련자는 두 손바닥을 하늘로 향하게 펴고, 팔꿈치를 양 허리에 붙이고, 앞쪽 팔과 손등을 땅과 나란히, 즉 몸과 수직으로 앞쪽으로 편 상태에서 조각한다. 조각품은 손바닥에 올려놓고 조각한다. 조각품의 앞쪽 방향과 내 얼굴이 마주 보면서 조각한다. 조각품의 모습은 언제나 맑고 투명해야 한다.

만약 어느 수련단체에서 자기 죽이기를 많이 한 사람은 조각할 자기 얼굴이 생각나지 않을 수 있다. 그런 사람은 참회를 거듭해서 자기 자신으로부터 용서를 받아야 한다. 참회는 1주일 이상 걸릴 수도 있다.

법륜불은 남녀 구분이 없는 중성이다. 따라서 성기는 만들지 않는다. 젖가슴도 남녀 구분되지 않게 조각한다. 신들은 얼마든지 분신을 할 수는 있으나 자손을 번창하지는 않기 때문에 남녀로 구분 지을 필요가 없다.

크리스탈로 자기 얼굴과 몸을 조각하는 데는 여러 날이 걸릴 수도 있다. 조금이라도 자기 얼굴 모습이 아니다 싶으면 몇 번이라도 과감히 부셔버리고 다시 조각해야 한다. 자기 얼굴 모습이 아니면 자칫 빙의될 수도 있기 때문이다. 자기 얼굴 모습이 상상되지 않는 사람은 발부터 위로 올라가면서 조각하고 얼굴은 맨 나중에 만든다.

60대 이상인 사람이라면 현재보다 얼굴이 훨씬 팽팽하고 젊었던 시절, 즉 50대초의 얼굴 모습으로 조각한다. 젊은 사람은 법륜불을 만드는 그 당시의 자기 모습으로 조각해서 영원히 간직한다.

제5단계; 법륜불(法輪佛) 돌리기

양쪽 팔꿈치를 양쪽 겨드랑이에 대고 손바닥을 펴서 앞으로 내민다. 크리스탈 조각상을 자기 손바닥에 올려놓고 자기 모습이 나타날 때까지 돌린다. 조각품을 머리 위에서 쳐다보아 시계 방향으로 1분 동안 3-4바퀴씩 아주 천천히 돌린다. 이것이 바로 법륜불이다. 법륜불을 돌리면서 앞, 뒤, 옆모습 등을 자세히 관찰해야 한다. 법륜불을 너무 빨리 돌리려 하면 잘 되지 않는다.

사람에 따라서는 법륜불이 돌아가는 것조차 상상이 안 되는 경우도 있다. 그것은 법륜불을 자꾸만 눈으로 보려고 하기 때문이다. 또 눈을 뜨고 법륜불을 만드는 경우는 법륜불을 쳐다 보려고 하기 때문에 눈이 시리고 눈물이 나기도 한다. 왜 법륜불이 안돌아가나 하고 조급증을 내면 더 안돌아간다. 편안한 마음으로 돌아간다고 생각하는 게 좋다. 눈으로 보는 것이 아니라 상상으로 만드는 것임을 잊어서는 안 된다.

앞에서도 지적했지만 자기 모습이 아니면 빙의되기 쉽다. 다른 귀신, 즉 다른 영이 나에게 붙을 수도 있기 때문이다. 완전한 자기 모습의 조각이 확인됐다면 다음 단계로 넘어간다. 처음에는 조각하기가 매우 까다로울 수도 있다. 조각 기법은 자기가 개발하는 게 좋다. 모든 것은 상상으로 하는 것이기 때문에 조각도 상상으로 한다.

법륜불은 정말 공을 들여서 만들어야 영원히 자기 것이 된다는 점을 기억하기 바란다. 법륜불은 처음에는 굳어 있는 것처럼 생각되지만 차츰차츰 눈동자와 손발이 움직이고 미소까지도 나오게 된다.

법륜불은 죽은 육신을 태울 때 나오는 사리(舍利)라고 생각하면 된다. 내 육신은 없어져도 '나' 법륜불은 영원히 살아간다. 앞서 백지 위에 적은 맹세는 법륜불이 존재하는 동안은 끝까지 지켜야 한다.(진실로 실천해야지 건성으로 했다가는 큰코 다친다.)

제6단계; 피부색 입히기

완전히 투명한 자기 모습을 확인했다면 자기 피부색 그대로 법륜불에 색깔을 입힌다. 자기 얼굴색, 머리색, 팔·다리 색, 눈동자 등 피부색 그대로 칠한다. 다시 법륜불을 천천히 돌리면서 자기 모습인지 아닌지를 거듭거듭 재삼 확인 또 확인해야 한다. 조금이라도 자기 모습과 다르다 싶으면 부셔버리고 처음부터 다시 시작해야 한다. 뒤에서 바라본 자기 모습까지도 자기와 완전히 일치한다고 생각될 때 비로소 자기 법륜불임을 인정하라.

법륜불을 완성한 다음에는 절대 땅에 놓아서는 안 된다. 완성된 법륜불을 땅에 놓으면 땅의 기억이 있기 때문에 다음 수련 단계인 법륜불의 우주여행이 불가능하다. 따라서 완성된 법륜불을 자기 가슴 속에 안아 모신다. 법륜불의 얼굴을 내 얼굴과 같은 방향으로 향하게 한 다음 내 가슴에 정중히 모신다.

제7단계; 광배(光背) 만들기

광배란 사람의 얼굴을 중심으로 뒤쪽에 빛과 같은 둥근 모양이 만들어지는 것을 말한다. 광배가 나타나는 사람은 그만큼 마음을 깨끗이 닦았다는 증거가 된다. 의식세계, 전의식세계, 무의식세계를 각각 하나의 큰 고무풍선이라고 가정해 본다. 그 풍선 세 개를 머리 위에 올려놓고 하늘에 심고(心告)해 본다. 그렇게 했을 때, 윤동주 시인의 말처럼 하늘을 우러러 한 점 부끄러움이 없는가를 되뇌어 본다.

나의 의식, 전의식, 무의식세계가 그야말로 맑고 밝고 청정할 때 환하게 광배가 나타난다. 무의식세계 속에 감추어진 부끄러운 것이 남아 있으면 결코 광배는 나타나지 않는다.

위에서부터 순서로 되어 있는 의식, 전의식, 무의식 등 3식의 풍선을 거꾸로 세워 놓아도 맑고 투명해야 한다. 3식이 밑바닥까지도 앙금 하나 없이 깨끗한 우물처럼 되어야 한다. 따라서 의식뿐 아니라 전의식과 잠재의식에 내재된 일체의 아함카라를 철저히 빼내지 않으면 안 된다. 거짓 맹세를 하지 말고, 마음으로 진실로 하늘에 심고할 때 유체는 맑아지는 것이다.

지금까지 지구점 수련을 통해 이미 3식이 상당히 맑아진 상태이기는 하지만 정말로 아함카라가 완벽하게 빠져 나갔다고 보기는 어렵다. 그래서 광배를 만들기 위해서는 아함카라를 다시 한번 철저히 버리고 넘어가야 한다. 정말로 내 무의식 속에 감추어진

아함카라가 없는지 거듭 거듭 자신의 과거를 되돌아보기 바란다.

내 모든 것이 깨끗해졌을 때는 광배와 함께 법륜불 전체에 환하게 불이 켜진다. 법륜불에 불이 켜진 것을 육안으로 억지로 보려고 해서는 결코 보이지 않는다. 영안으로 보는 것이다. 모든 것을 지구점에 다 버리고 또 버려야 한다. 지구를 등지고 앉아 지구와의 인연을 끊고도 그래도 남은 것이 또 있으면 등뒤 지구점으로 과거 인연을 계속 버려야 한다.

제8단계; 천의무봉(天衣無縫) 입히기

법륜불을 완성했으면 옷을 입힐 차례다. 부처를 언제까지나 발가벗겨 놓아서는 안 된다. 법륜불에 옷을 입힐 때가 되면 성신들이 천의무봉(天衣無縫)을 준비해 준다. 옷을 입히는 것도 성신들이 도와준다. 내 가슴 속에 간직한 법륜불을 꺼내서 천천히 돌리면서 옷을 입혀야겠다고 생각하면 성신들이 천의무봉을 입혀 준다. 하얀색이어서 옷을 입히면 법륜불의 몸통은 안 보인다.

천의무봉은 바느질을 한 흔적이나 재봉한 흔적이 없는 하늘 옷으로 선녀들이 입고 있는 옷과 같다. 무게가 없으며 바람에 나부끼듯 살랑살랑 하늘거린다. 천의무봉을 입고부터는 움직이는 자기 모습의 법륜불을 볼 수 있다. 밑으로 내렸던 법륜불의 손과 발을 들어 올릴 수도 있게 된다.

따라서 법륜불의 양손이나 양팔은 자기가 가장 좋아하는 모습으로 포즈를 취하게 하면 된다. 팔을 들어 활짝 펴거나 내리거나 어떤 자세를 취해도 괜찮다. 얼굴에는 엷은 미소가 깃든다. 옷을 입은 법륜불이 진짜 나의 모습인지 또 다시 확인해야 한다.

이때부터 성신 네 분이 법륜불과 나를 앞뒤와 좌우에서 지켜 준다. 참으로 천은(天恩)에 망극하지 않을 수 없는 상황이 되는 것이다.

법륜불은 천의무봉을 입고부터는 활동을 시작한다. 몸속에는 오장육부가 없으므로 먹지 않아도 된다. 이제는 모든 사물을 유정(有情)으로 바라본다. 천의무봉을 입힌 다음에는 가능하면 깨지 말아야 한다. 그러나 법륜불을 만드는 과정에서는 무엇인가가 나타나기도 한다. 그때는 사정없이 깨버려야 한다.

지금부터는 "법륜정기내아합불(法輪正氣來我合佛=법륜정기와 내가 하나 되게 하소서)"을 수시로 계속 암송한다. 그래야 나와 법륜불이 떨어지지 않고 언제까지나 나와 하나가 된다.

제9단계; 오관 뚫기

마지막 단계는 법륜불의 얼굴에 오관을 뚫어주어야 한다. 눈과 귀, 코, 입을 뚫어 준다. 법륜불에 의식을 불어 넣는 것이다.

여태까지 우리는 바깥의 부처를 찾아 헤맸다. 그러나 이제는 내 안에 부처를 모셨다. 세상의 구세주를 만난 것이다. 불교 신도가 아닌 사람이 이것을 굳이 부처라고 생각할 필요는 없다. 자기가 믿는 종교의 하느님이라고 생각해도 된다. 10단계를 완성한 다음에도 "법륜정기 내아합불"을 정성껏 외워야 한다.

제10단계; 혼 줄 붙이기

법륜불을 나와 나란히 바깥을 보게 하여 나의 혼 줄을 법륜불 뒤꼭지에 붙인다. 그렇게 해야 나와 법륜불 사이에 교감이 이루어 진다. 나의 혼 줄과 법륜불 혼 줄이 붙어 있기 때문에 법륜불이 살아 숨쉴 수 있다. 나와 혼 줄이 연결되어 있기 때문에 법륜불은 완전한 나의 분신이다. 혼 줄이 연결돼야 나의 분신체가 되고, 살아 움직이는 법륜불이 된다. 법륜불과 나의 혼 줄을 합하면, 곧 내가 되는 것이다.

내 안에서 찾은 부처가 곧 법륜불이요, 자기 부처다. 법륜불 그 분은 곧 '나'이다.

이때 가식적으로 혼 줄을 붙였다면 연결이 안 된다. 때로는 힘을 써가며 혼 줄을 정성껏 법륜불에 이어 붙여야 한다. 연결되어 있지 않으면 법륜불이 멀리 갔다 올 수 없다. 그러므로 진실한 마음으로 붙여야 한다. 혼 줄을 붙이는 데만 2-3일이 걸릴 수도 있다. 이 줄은 달나라, 우주 공간까지 가더라도 은빛처럼 엷게 연결된다.

제11단계; 대관식(戴冠式)

법륜불에 옷을 입힌 다음에는 혼 줄을 붙인 그 머리에 황금관을 쓴다. 그러면 진짜 부처님 상이 된다. 신라시대에 임금이 쓰던 왕관을 상상하면 된다. 황금관에 남자들은 봉황 깃털처럼 생긴 금장식을 더 붙인다. 여자는 깃털 없는 황금관을 쓴다. 황금관에 더 화려한 온갖 장식을 해도 된다. 황금관도 성신이 갖고 온다. 황금관을 쓰는 것을 대관식(戴冠式)이라 한다.

자기 마음속으로 가장 화려하다고 생각되는 관을 쓴다. 황금관을 쓴 뒤에 또 한 번 자기 얼굴인가를 확인한다. 그러면 너무 기뻐서 환한 얼굴과 미소를 감추기 어려울 것이다. 그때 희열을 맛보기 바란다. 그 기쁨을 글로 남긴다.

황금관을 쓴 그 분은 누구인가. 곧 나의 부처다. 법당 부처는 사람 손으로 만든 부처다. 그러나 여러분의 부처는 살아 움직인다. 대관식을 한 뒤 행복한 자기 모습을 영원히 잊지 말라.

천의무봉을 입고 황금관을 쓰는 대관식을 거친 다음에는 법륜불을 돌리지 않아도 된다. 이때부터는 각자 하기 나름이다. 이제는 하얀색의 천의무봉에 색깔을 입혀도 된다. 자기가 좋아하는 색으로 택하면 된다. 성신이 원하는 색깔의 옷을 가져다준다. 대관식을 한 다음에는 법륜불을 받치고 있던 내 손은 내려놓아도 된다. 법륜불 혼자서 땅을 밟지 않고도 얼마든지 멀리까지 시키는 대로 혼자서 나들이를 할 수 있다.

왕관을 쓰고부터는 정말 내가 깨달음을 이루었는지를 반관(反觀)해 보아야 한다. "내가 부처다."라고 끊임없이 자기 암시를 하면 반드시 이루어진다. 그렇게 되면 "내 속에 부처와 하느님이 계시고, 하느님 속에 내가 있다.”는 확신을 가질 수 있게 되는 것이다. 이것이 바로 하늘과 나의 합일(合一)인 것이다.

제12단계; 법륜불 활용

이제 법륜불을 옆방에 다녀오게 하거나 집 바깥으로 갔다 오게 할 수 있다. 법륜불을 어디로 보낸다는 것은 내가 간다는 것과 같다. 법륜불을 다른 곳으로 보낼 때는 반드시 여섯 바퀴를 돌린 다음에 보내야 한다.

법륜불은 가까운 곳에서부터 시작하여 점차 멀리 보낸다. 보낸 다음에는 그곳의 사정을 살펴보아야 한다. 이미 오관을 뚫었기 때문에 다 보고 올 수 있다. 부산에 사는 사람이 서울의 친인척이 무엇을 하는지를 살펴 볼 수 있는 것도 법륜불을 활용하기 때문에 가능한 일이다.

법륜불 활용은 끊임없이 해야 한다. 한 번 만들어 놓고 활용하지 않으면 나와 법륜불은 점차 멀어질 수 있음을 잊어서는 안 된다.

제13단계; 청각 다녀오기

화기 청각에는 13성인들이 계신다. 법륜불을 만든 다음에는 청각을 방문해서 정중하게 4배를 드리고 인사한다. 청각 2층에는 수많은 성신들이 대기하고 있다. 13성인들에게 부탁하면 마음에 맞는 4명의 성신을 보내준다. 그 성신들은 평생 동안 자기를 호위하는 보호령이 된다. 앞뒤 양쪽에서 자기를 보호해 준다. 보호령은 불교의 신장과 같은 역할을 하는 것이다.

법륜불을 만들어 청각을 갈 때도 마음이 가는 것이다. 법륜불을 만든 까닭은 육신 자체가 생불이라는 것을 알기 위한 것이다. 법륜불을 만들었으면 산 부활을 할 차례다. 산 부활이란 내 육신은 여기 있으면서도 멀리 떨어져 있는 사람 앞에 내 육신을 나타내 보이는 것을 말한다.

잠자는 시간에 배우자, 자식 등의 꿈속으로 들어가 본다. 꿈속에 들어간다는 것은 그들의 유체 속으로 내 유체, 즉 마음이 들어간다는 뜻이다. 그러면 반드시 상대가 꿈에서 나를 보도록 되어 있다. 그것이 바로 산 부활인 것이다. 나는 얼마든지 산 부활을 할 수 있다는 겨자씨 만큼의 믿음만 있어도 가능한 일이다.

꿈속에서뿐 아니라 낮 시간에도 산 부활은 가능한 일이다. 직장에 가 있는 자식들이나 친한 친구 앞에도 내 몸을 나타내 보일 수도 있다. 그러면 그 모습을 본 사람은 조금 전에 자기 앞에 산 부활한 사람이 나타났다는 것을 눈으로 확인할 수 있다.

마음을 집중해서 꾸준히 연습하면 산 부활은 결코 어려운 일이 아니다. 유체를 이탈해 산 부활하는 모습은 다음에 소개하는 인도의 성인 '사이바바' 도 추종자들 앞에서 자주 해 보이는 일이다.

강론

1) 죽을 때는 법륜불로 들어간다

사람이 죽게 되면 혼 줄이 끊어진다. 이때 유체와 법륜불이 육체에서 빠져 나온다. 유체인 나는 법륜불 속으로 들어간다. 그러면 나는 법륜불과 함께 영원히 살게 된다. 자연 상태에서 유체는 100년 후에는 아주 작은 알갱이로 줄어든다. 그러나 법륜불로 들어간 유체는 더 이상 작아지지 않으며 의식이 항상 깨어 있는 상태가 되는 것이다.

사람은 누구나 목숨을 거두기 직전에 일반적으로 세 가지를 경험한다. 첫째는 지금까지 자기가 경험한 어떤 빛보다도 강력한 빛이 보인다. 두 번째는 생전에 들었던 어떤 소리보다도 더 큰 소리가 마지막으로 귓전을 때린다. 세 번째는 입에서 단내가 나면서 쇼크가 온다.

이 세 가지를 경험하고 나면 내 몸은 이 세상과 완전히 결별하게 된다.

혼 줄이 끊어진 뒤 이런 현상을 느낄 때 "나는 죽었구나." 생각하고 정신을 차린 뒤 내가 만든 법륜불 속으로 들어간다. 육체를 벗은 뒤에도 의식은 살았을 때와 같으므로 바로 옆에 있는 법륜불로 들어가는 것은 아주 쉬운 일이다.

2) 법륜불은 나의 분신이다

법륜불은 나의 분신이다. 이것은 결코 상(相)이 아니다. 인간의 몸 크기와 똑같은 유체는 육체가 죽으면 몸을 빠져 나가 영혼이 된다. 유체는 100년 후에는 눈꼽보다도 더 작아져 하늘에 떠돌아 다닌다.

유체가 아닌 나의 또 다른 분신체가 법륜불이다. 내 육체가 없어지기 전에 분신체를 한 번 만들어 보자. 그러면 그것이 바로 천상천하유아독존(天上天下唯我獨尊=우주의 존귀한 존재가 인간이라는 뜻)이요 독생자가 되는 것이다. 천상천하에서 가장 거룩한 부처님 되는 것이다.

법륜불은 내 육체가 죽고 지구가 없어진 뒤에도 영원히 존재한다. 육신을 벗을 때, 유체가 분신인 법륜불 속으로 들어가면 바로 그 상태에서 작아지지 않고 영생한다. 법륜불을 잘 모시면 죽지 않고 영생한다.

사람들은 흔히 마치 하느님, 부처님이 어떤 인격체로 따로 존재하는 것으로 인식하기 쉽다. 자기가 부처이고 하느님의 심성을 갖고 있으면서 외부에서 찾으려 하니 얼마나 어리석은가. 자기 속의 하느님, 부처님이 바로 법륜불이다. 도 공부하는 사람이 마음을 깨쳤다면 인간 됨됨이가 돼 있어야 한다.

사람은 사람(四覽)이다. 넉 '사', 볼 '람'이다. 동서남북을 본다는 뜻이다. 사람은 동물과는 달리 사방 온 세상을 두루 살피면서 인격을 완성해 나간다. 영어의 NEWS도 동서남북의 사방 소식이다. 완성된 인격으로 부처가 돼야 한다. 그리하여 부처의 인격으로 살아야 한다. 한 번 깨쳤다고 해서 영원히 깨쳐지는 게 아니다.

나의 실체는 무엇인가. 나의 실체는 유체다. 육신은 그림자일 뿐이다. 언젠가는 그림자인 육신을 벗고 실체인 참마음, 즉 유체는 육신을 떠나 본래 고향인 우주로 돌아가야 한다. 그러므로 실체인 참마음, 즉 자신의 부처를 잘 모셔라. 천도교에서는 인내천(人乃天=사람이 곧 하느님)이라 했고, 불교에서는 실유불(悉有佛=누구나 부처될 수 있다)이라 했으며, 천주교에서는 "천당은 여기 있다. 저기 있다."가 아니고 "마음 속에 있다."고 가르친다.

3) 부끄러워할 줄 알아야 한다

도인은 항상 부끄러움을 느낄 줄 아는 사람이다. 도인은 마음이 맑기 때문에 잘 부끄러워한다. 시대가 어지러울 때는 국민을 속이는 사람이 대통령이 되고, 한 지역을 속이는 사람은 국회의원이 된다. 요즘 지도자 가운데는 잘못에 대해서도 얼굴을 붉히는 사람이 드물다. 사람이 탈을 쓰면, 나라가 탈이 나고야 마는 법이다.

나라 지도자들이 부끄러워하지 않는 세상은 어지러운 세계다. 부끄러움을 느끼는 사람이 많을수록 양심 있는 세상이 된다. 도인은 죽어도 한 점 부끄러움이 없어야 하고, 무슨 행동을 하더라도 걸림이 없어야 한다. 스스로 부끄러움을 갖고 있는 사람은 결코 부끄러운 짓을 하지 않는다.

60억 인구가 부끄러운 줄 알고, 부끄러움을 느낄 때 세상은 지상낙원이요, 불국토요, 지상천국이 될 것이다. 사람이 무의식 세계까지 버리는 데는 많은 시간을 필요로 한다. 부끄러움을 가진 사람은 무의식 세계가 그만큼 맑다는 것을 의미한다.

지극한 마음으로 공부해서 깨친 그 순간부터 영원한 시간까지 부끄러움을 가지고 살 때, 그 사람은 그야말로 청정 법신(法身)이다. 자신을 속이지 않는 마음을 가진 사람이 깨끗한 사람이다. 부끄러움을 알 때 진실한 사람이 된다. 자기가 잘못했을 때는 얼굴이 붉어진다.

예부터 동양에서는 잘못에 대해 얼굴 붉히는 사람을 최상으로 쳐 주었다. 다행히 이 세상에서 가장 얼굴을 잘 붉히는 민족은 한국민족과 영국민족이다. 그만큼 양심을 지킬 줄 아는 민족이라는 뜻이다. 부끄러움을 영어로 하면 샤이(shy)이다.

얼굴을 붉힐 줄 알고 착하게 살면서 나쁜 짓 하지 않는 것이 성인의 길이다. 그것을 실천하기 위해 법륜불을 만드는 것이다. 어느 고위 정치인은 외국을 방문한 자리에서 "얼굴 붉힐 일이 있으면 얼굴을 붉히겠다."고 말했다. 그 이야기는 외국에 대해 자존심을 지키겠다는 의미이지 여기서 말하는 인간의 진실성과는 거리가 먼 이야기다.

4) 세 종류의 인간

현세의 삶은 곧 내세의 삶이 된다. 남을 괴롭히지 않고, 오늘을 착하게 살면 오늘이 편하듯이, 내일 또한 편안해진다. 내세의 삶도 또한 현세의 삶과 같다. 현세의 자기 삶에서 받은 여러 가지 충격들을 해소시키지 않는다면 그것에 의해 내세의 삶이 바뀔 수도 있다.

불교에서는 현생에 업을 잘 지으면 축생으로 태어나지 않고 사람으로 환생할 수 있다고 가르친다.

석가는 세 가지 인간을 이야기했다.

첫째, 축생이 죽어서 인간으로 태어난 수성(獸性)인간

둘째, 사람으로 살다가 죽은 후 다시 사람으로 환생하는 인성(人性)인간

셋째, 신으로 있다가 사람으로 몸을 받은 신성(神性)인간이 있다고 했다.

신성인간은 인류를 제도(濟度)하기 위해 태어난 사람이다. 신성인간은 봉사하는 삶을 살게 된다. 신성인간이 지구상에 나타난 예는 그리 많지 않다. 신성인간은 다시 신으로 돌아간다.

지금도 인간 구제에 힘쓰고 있는 1926년생인 인도의 사이바바(제5장에 설명)가 바로 현 시대의 대표적인 신성인간의 예이다. 그는 말한다. "나는 신으로서 인간들을 구제하기 위해 몸을 받고 태어났다."

그는 자신이 죽으면 8년 후에 다시 사람으로 태어나 모든 인간들을 신으로 만드는 일을 할 것이라고 예언해 놓고 있다.

신성인간은 못 되지만 인간으로 태어난 것만으로도 영광인 까닭은 내가 신임을 깨달아 신성인간이 될 수 있는 기회가 있기 때문이다.

5) 영적으로 산다

영이 사람의 몸을 받아 다시 태어날 수는 있다. 그러나 육으로 다시 오지 않는 사람은 영적으로 산다. 육신이 죽고 난 뒤 영체로는 자손을 번성시키는 일은 하지 못한다. 그러나 영체는 얼마든지 분신은 할 수 있다.

예수나 석가가 교회마다, 절마다 각각 임할 수 있는 까닭은 영체로 분신할 수 있기 때문이다. 그것은 손오공인 원숭이가 자기 털을 뽑아서 후! 하고 입으로 부니까 털 숫자 만큼 손오공이 나타나는 현상과 비슷하다.

사람이 죽을 때 혼 줄이 몸과 끊어지면 유체가 몸에서 빠져 나온다. 그것이 바로 영, 즉 영혼이 되는 것이다. 영은 사후 100년이 지나야 신이 된다.

신도 고급 신이 있고 저급 신이 있다. 저급 신은 목(木)신, 토(土)신, 산신, 용왕신, 천왕신(일정한 지역의 하늘을 담당) 등을 들 수 있다. 고급 신은 하느님, 각 종교의 시조 즉 석가모니, 예수, 알

라, 마호메트, 성모마리아, 각 나라의 첫 조상, 성씨의 첫 조상 등
이다.

신은 인격적이어야 한다. 사람의 모양을 닮지 않거나 사람의 격
에 맞지 않고, 짐승의 격에 맞으면 그것은 저급 신이다. 피가 철철
흐르는 돼지고기를 제사상에 올린다면 그것은 인격적인 신에게
올리는 제사라고 볼 수 없는 것이다.

옛날에는 신이 인간을 통제했다. 그래서 단군도, 아메리칸 인디
언도, 아프리카 토인들도 하늘에 제사를 지냈다. 그러나 지금은
인존시대다. 인간이 득도의 경지에 이르게 되면 저급 신들을 통제
할 수 있는 것이다.

6) 만법은 귀일한다

선현들은 모든 것은 하나로 돌아간다고 했다. 그 하나는 바로
화기를 말한다. 그렇다면 그 '하나는 또 어디로 가는가.' 이것은
선불교의 화두이기도 하다. 모든 것이 하나로 돌아가 화기가 된다
는 것은 모든 개체가 전체화됨을 의미한다.

세상 만물과 은하계를 떠받치는 모태는 바로 화기다. 화기는 즉
우주다. 그런 우주가 어디로 간다는 것은 있을 수 없다. 화기는 우
주에 그냥 그대로 존재할 뿐이다.

만법이 하나로 귀일(歸一)했다면, 그 귀일한 것은 어디로 가느
냐라는 화두를 스승이 어리석은 제자에게 물어볼 수는 있을 것이

다. '화두' 라는 단어에 휘둘리다 보면 깨침의 길은 점점 멀어질 수밖에는 없게 되는 것이다.

만법이 되돌아가는 그 화기 속에는 우주 만물이 다 들어 있다. 우주는 거대한 그물망으로 짜여져 있다. 그 속에서 천억 개의 은하계 천체들이 각각 일정한 거리를 유지하면서 공중에 떠서 질서를 지킨다. 우주 속의 모든 것은 완전한 조화 속에서 움직이는 것이다.

우주에 존재하는 모든 것은 우리 몸의 세포이고, 우주 전체는 의식을 가진 거대한 시스템으로 존재한다. 우리 몸이 정밀한 시스템으로 작용하는 것처럼 우주 또한 그와 같다. 나는 우주적인 생명 에너지의 정밀한 공급을 받으며 살아간다.

나를 존재하게 하는 우주의 끈은 무수히 많다. 티끌 하나라도 우리와 무관한 것은 하나도 없다. 그러므로 '나' 라고 내세울 만한 것은 어디에도 없는 것이다. 천지는 나와 한 뿌리요, 만물은 나와 하나인 것이다.

7) 죄는 없어졌다

마음공부를 한 사람들도 여전히 죄의식에서 벗어나지 못하는 사람이 적지 않다. "죄가 있다면 너의 죄를 손바닥에 어디 한 번 올려놓아 보라."는 큰 스님의 말에 홀연히 깨치곤 한다. 죄는 자기 마음에 있는 것이다. 자기에게 죄가 있다고 생각하면 죽을 때까지 그 무거운 짐을 지고 가는 것이다.

법륜불까지 모신 사람에게는 원죄조차 없어진다. 금단의 선악과를 따먹은 조상의 죄(사실은 이브와 천사장과의 불륜을 의미)를 자신의 원죄로 생각하는 사고방식에서 벗어나야 한다. 원죄는 결코 자기의 죄라고 할 수 없는 것이다.

인류는 조상의 원죄보다 현생에 훨씬 많은 죄를 짓는다. 현생의 죄를 속죄해 지워버릴 생각을 하지 않고 원죄만을 뇌리에 새겨 둔다면 한 치도 앞으로 나아갈 수 없게 된다. 마음공부는 조상대대로 유전으로 전해져 온 원죄마저도 지워버리는 공부다. 내가 잘못을 저질렀구나! 스스로 깨닫고 다시 되풀이하지 않겠다고 다짐하면 그것으로 죄는 사라지는 것이다.

진짜 죄는 죄인 줄도 모르고 짓는 것이다. 남을 미워하는 것은 모르고 짓는 죄의 하나다. 그것으로부터 벗어나려면 마음의 문을 활짝 열고 남을 이해하는 마음을 가져야 한다. 그것이 바로 깨달음이다. 내 생명이 존귀하듯이 저 사람의 생명도 존귀하구나 하는 것을 확연히 깨달아야 한다.

지옥이나 천당은 모두 마음으로 만들어 낸 것이다. 무심(無心)을 공부하여 온갖 인연을 모두 버리고 분별망상을 내지 않으면, 거기에는 천당도 지옥도 없고 미움과 사랑, 탐욕과 성냄도 없어서 본래의 청정한 자성(自性)이 나타나는 것이다. 죄란 허공에 화살을 쓴 것과도 같아서 스스로 반성하면 그 힘이 없어져 버리는 것이다.

마음에 죄가 있다고 여기면 영원히 있는 것이고, 마음에 가책을 느끼면 죄는 없어지는 것이다. 죄 의식은 무의식 세계에 저장된다. 무의식 속에 감추려 하니 자꾸만 무의식 속으로 죄가 빠져 드는 것이다. 그 무의식을 훌훌 털어버려야 죄가 씻겨나가는 것이다.

옛사람은 한 단계 수행을 마친 제자에게 "아득한 만리, 풀 한 포기도 없는 곳을 향해 가라."고 했다. 그곳에서는 죄 지을 일이 없게 되는 것이다. 죄에서 벗어난 사람은 "보고 듣고 행함에 전혀 걸림이 없나니, 빛깔과 소리와 맛과 감촉이 언제나 삼매로다."인 것이다.

8) 마음의 본바탕은 무(無)다

내 마음이 느끼는 감각기관은 안의비설신의(眼耳鼻舌身意)다. 그것이 파악하는 대상은 색성향미촉법(色聲香味觸法)이다. 내 코 속에 냄새가 없는 깨끗한 상태인 무취가 돼야 모든 냄새를 맡을 수 있다. 소리도 침묵, 즉 고요한 가운데서 무청이라야 다른 소리를 들을 수 있다. 맛도 무미여야 다른 맛을 알 수 있다.

무미는 맛을 못 느낀다는 뜻이 아니라 여러 가지 맛을 알기 위한 전제 조건이다. 감각도 무감각에서 무엇이 닿는 순간 느낀다.

내 마음의 틀도 미리 주입된 지식이 없는 무에서 시작한다. 무색, 무취, 무미, 무음, 무감각의 상태가 본래 마음의 본바탕인 것이다.

그러니까 마음의 기본은 무에서 출발한다. 세상살이가 시작되기 전에는 마음이라는 것은 원래 없었던 것이다. 마음은 유체다. 내 육신과 똑같이 생긴 속사람이 유체요, 곧 마음이다. 유체 속에 마음이라는 것이 자라나기 시작하기 전에는 유체는 늘 투명하고 깨끗한 그런 상태에 있었다. 마음이 오염되어 세속화되기 시작한 것은 뭇 인간이 욕심대로 살아가는 속세에 발을 들여 놓으면서부터다.

마음은 육신에 거주하는 동안 점차 자기의 정체성(아이덴티티)을 잃어간다. 그 대신에 세속화된 상념체(想念體)가 자리를 차지하기 시작한다. 상념체는 사회적인 환경과 주변 사람들의 영향, 문화적인 환경 등의 산물, 즉 한 개인이 살아온 경험의 총체적인 집합체이다.

그 결과 주인이어야 할 마음이 오히려 상념체와 육신의 욕망에 끌려다니게 된 것이다. 그것들의 욕망에 끌려다니다 보면 마음은 멀리 달아난다. 공부할 때는 상념체로 형성된 나를 인정하지 말고 나를 부정하라. 나를 인정하면 진아는 점점 나로부터 멀어진다.

육신은 어렸을 때와 이팔청춘, 30-40대, 노년의 모습이 다르게 나타난다. 고로 나의 육신은 진짜 내가 아니다. 구원을 받으려면 육신을 부정하고, 내 속의 나를 찾아야 한다. 내 속의 나를 찾으면 찾은 그것이 나를 구원해 줄 것이요, 내 속의 나를 찾지 못하면 찾지 못한 그것이 나를 파멸시킬 것이다.

내 속의 나는 무엇인가. 그것은 곧 유체요, 참마음인 것이다. 진아라는 것이다. 참마음으로 살면 무엇이든지 이루어진다. 참마음으로 간곡히 소망하고 소원하면 하늘의 뜻이 와 닿는다. 그것은 결코 욕심과는 다르다. 간곡한 소망은 자연스런 현상이요, 욕심은 인륜에 배반되는 마음가짐이다.

3

불법석 수련법

마음을 어떻게 찾나

한 제자가 스승에게 물었다. "마음을 어떻게 찾아야 합니까."
스승 왈; "너는 어찌 소를 타고 소를 찾느냐." 했다.
중국과 인도에서는 '소를 마음' 이라 했다.
"그러면 소를 찾은 뒤에는 어떻게 해야 합니까."
"소를 몰고 집으로 가거라."
"집에 가서는 어떻게 합니까."
"채찍을 들고 고삐를 죄어 남의 밭에 들어가는 것을 막아야 하
느니라."
내 마음이 남의 것을 탐하는 것을 막아야 한다는 뜻이다.

소는 또한 무의식을 가리키기도 한다. 소를 키우는 것은 의식

이다. 즉 의식이 내 머릿속에 숨겨져 있는 무의식을 타고 있다는 뜻이다. 고삐를 잡고 채찍질하라는 것은 무의식적으로 나쁜 짓 하는 것을 깨어난 의식이 막으라는 의미인 것이다.

마음으로 법륜불을 만들었다. 이제는 육신까지도 생불을 만드는 불법석을 수련할 차례다. 촛불을 켜고, 방바닥보다 약간 높은 상 위에 앉아 육신을 생불로 만드는 것이 불법석 수련법이다.

부처 아닌 사람이 중생이다

그대들 속에는 다 부처가 있다고 생각한다. 부처, 즉 불(佛)이란 사람(人)이 아닌(弗) 존재다. 모든 중생은 깨달을 수 있는 자질이 있다. 즉 실유불(悉有佛)인 것이다. 나는 감히 부처가 될 수 없다고 자기를 비하하는 사람이 많다. 자기가 부처라는 것을 아는 것이 깨달음이다. 자기가 부처인 줄 모르는 사람이 바로 중생인 것이다.

공부를 할 때는 특히 내가 부처임을 인정하라. 진언을 외우는 것보다 나 스스로 부처임을 인정하는 것이 더 중요하다. '나는 부처다.' 생각하면 부처가 되고, '나는 도둑이다.' 라고 인정하면 도둑이 되는 것이다. 스스로 부처임을 인정하면 마음의 자세가 달라진다. 부처임을 인정하는 자체가 하나의 진언이기도 하다.

134

누구나 잠시도 쉬지 않고 두세 달 동안 '나는 부처다.' 라고 염을 하면서 어떤 소원을 간절히 원한다면 그것을 이룰 수도 있다.

만행(漫行)하기

해와 달, 별, 지구도 우주에서는 벌거벗고 있다. 사람은 태어나자마자 옷을 입는다. 그러나 옷을 벗었을 때만이 진실해진다. 옷은 일종의 가면인 것이다. 음식은 나를 위해서 먹지만 옷은 남을 위해서 입는 것이다. 내가 입고 있는 옷은 가식이다. 그렇다면 나의 진실은 무엇인가. 태어나서 발가벗은 상태가 나의 진실이다.

따라서 옷을 완전히 벗은 채 수련하는 것은 매우 중요하다. 나의 가식인 옷을 벌거벗은 채 학교 운동장 같은 곳에서 만행을 해 보라. 옷은 자기를 숨기는 것이다. 이 세상에 태어날 때는 옷을 입지 않고 당당하게 태어났다. 발가벗고 당당해져 보라.

곰곰이 생각해 보면 실오라기 같은 가식이 누구에게나 존재한다. 그 가면의 옷을 벗어 던져야 한다. 이 옷이 진실인가, 아닌가를 생각해 본다. 아무리 추운 겨울이라도 성심껏 만행하면 땀이 난다. 그때 새로운 깨침이 오게 되어 있다.

만행을 시키는 것은 수치심을 없애기 위해서다. 부끄럽다고 생각하는 것조차도 없어야 한다. 진짜 수치가 무엇인가. 진짜 수치를 모르면서 자기의 옷 벗은 것을 수치라고 생각해서는 안 되는 것이다.

가장 부끄러운 것은 무엇일까. 그것은 내 마음을 속이는 것이다. 내 마음을 속이면서 상대를 만나는 것이 부끄러움이다. 요새 사람들은 철면피다. 도가 부재하는 세상이다. 거짓을 말했으면 얼굴이 붉어져야 한다. 내 양심을 속였거나 내 마음을 속인 것이 가장 부끄러운 일이다.

만행은 야간에 한다.

불법석 수련법

제1단계; 밥상과 초를 준비한다

불법석의 불은 부처가 아니라 불 화(火)를 의미한다. 따라서 불법석을 다른 말로 하면 화법석이 된다. 자기가 앉은 밥상 둘레에 촛불을 켜놓고 수련한다는 뜻에서 화법석 또는 불법석이라 한다.

1, 먼저 직경 4-5cm 굵기의 초를 준비한다. 2, 두 번째는 수련자가 올라가 앉을 수 있는 직사각형의 4인 식사용 튼튼한 밥상을 준비한다. 3, 밥상 둘레 사방에 초를 붙여 세운다. 상 앞 쪽에 5개, 좌우에 각 3개씩을 세운다. 촛대를 사용하면 더욱 좋다. 4, 초에 불을 붙이되 서로 다른 수련자의 초에 불을 붙여준다. 오른쪽 앞에서부터 시계 방향으로 촛불을 붙인다. 5, 불법석에 오르기 전에 청각의 성신님께 오체투지로 한번 절을 하고 4분의 성신님을 모셔온다. 6, 가부좌 또는 반가부좌 자세로 상위에 올라가 앉는다. 깨끗한 마음으로 앉는다.

땅바닥에서 수련할 때와 불법석에서 수련할 때의 마음가짐은 천지 차이다. 불법석에 앉는 것은 나를 진짜 부처로 예우하는 것이다.

제2단계; 종을 준비한다

쇳소리가 맑고 여운이 길게 울리는 종을 준비한다. 지도자가 각 수련자에게 돌아가면서 종소리를 들려준다. 다른 수련자들도 물론 함께 종소리를 듣는다. 각 수련자에게 바짝 다가가서 시계 방향으로 앞뒤 좌우에서 한 번씩 울려준다. 마지막에는 종을 머리 위에서 울려준다.

그러면 백회가 뚫리고 마음이 차분해진다. 수련자는 눈을 감고 명상하면서 삼매에 빠진다.

제3단계; 첫날 수련에 들어간다

첫날은 수련자에게 특별한 메시지를 주지 않고 각자 알아서 수련하게 한다. 매회 수련시간은 2시간 정도를 할애한다. 밤 수련이 낮 수련보다 효과적이다. 불법석 수련은 내가 진짜 부처됐음을 확인하는 수련이다. 촛불 가운데 앉아 있으면 사방이 불타면서 내 주변의 대기를 움직이면서 기가 생성된다.

내가 그냥 불법석에 앉아 있는 게 아니라 부처로서 중생을 향해 앉아 있는 것이다. 고승이 높은 곳에 앉아서 법문을 하듯이 부처인 내가 중생에게 무엇을 가르치고 어떻게 가르칠 것인가를 생각한다. 무의식까지 깨끗하게 비우면 하늘에서 경이 내려오게 되어 있다. 그것을 받아서 중생에게 내려주어야 한다.

나는 사람이 아니고 부처임을 재삼 확인한다. 불법석에서 하늘의 큰 기운인 불 성령을 받게 된다. 촛불로 인해 내 주위에 모든 좋은 기가 돌아다니기 때문이다. 그래서 나의 기감이 강해지고 마음가짐이 한 차원 높아진다.

제4단계; 이심전심 수련법

첫째, 소크라테스는 "너 자신을 알라."고 했다. 이것은 서양식 사고방식이다. 서양에서는 '나'는 빼고, 상대에게만 자신을 알라고 강조했다. 그러나 사실은 "나 자신을 알라."고 해야 맞는 말이다. 나는 누구인가. 나는 어디서 왔는가. 나는 무엇을 위해 존재하는가. 나의 갈 길은 무엇인가. 그리고 나는 깨침을 얻은 뒤 무엇을 할 것인가. 스스로에게 캐물어서 답을 구해야 한다.

둘째, 손발톱과 머리카락을 은박지에 동그랗게 싸서 나의 분신이라고 생각한다. 은박지의 머리카락은 본래 나와 함께 있었던 '나'이므로 떨어져 있어도 '나'이다. 그것을 앞에 놓고 염을 한다. 이것이 진짜 '나'의 몸인가 라고 생각한다. 분신인 내 몸이 진아(진짜 나)를 쳐다본다.

나의 분신인 몸이 1m 떨어진 곳에서 진아를 쳐다보게 한다. 앞에서, 오른쪽 옆에서, 뒤에서, 왼쪽 옆에서, 다시 앞에서 바라보는 연습을 계속한다. "나 자신을 알라."면서 앞에 있는 내 몸이 상 위에 앉아 있는 진아를 바라본다. 앞에 있는 분신은 작으니까 앉아 있는 내 몸은 굉장히 커보일 것이다.

땅바닥에서 자기를 쳐다보는 것은 처음일 것이다. 곧 자기가 자기를 쳐다보는 것이다. 쳐다보되 눈으로 직접 보는 게 아니라 상상으로 보는 것이다. 마치 폐쇄회로(cctv)가 나를 비추듯이 상상하면 되는 것이다.

분신은 나의 혈액이요, 살아 있다고 생각하라. 분신은 진아인 전체에서 개체로 분리 된 것이다. 분신은 작고 진아는 굉장히 크게 보일 것이다. 전체에서 개체가 나오고, 개체가 모여 전체가 되는 것이다.

그리고 진아가 또 분신을 바라본다. "이것이 나인가." 염(念)을 한다. 분신이 진아를 쳐다보고, 진아가 분신을 쳐다본다. 1분에 한 번씩 몸이 내 진아를 바라보고, 진아가 내 몸을 바라본다. 그러면 앞에 있는 것이 곧 '나' 가 되는 것이다. 두 개였던 몸과 진아는 이심전심으로 곧 하나가 되는 것이다.

좀더 떨어져서 진아와 내 몸이 번갈아가면서 쳐다본다. 이런 식으로 계속 반복해서 보고 또 보고 한다.

다른 사람과 이심전심으로 한마음이 되려면 자기부터 먼저 이심전심을 할 수 있어야 가능한 일이다. 가섭존자가 석가가 집어든 연꽃의 의미를 알아차리고 빙긋이 웃은 바로 그 염화미소(拈花微笑)가 이심전심인 것이다.

셋째, 내 몸이 진아를 쳐다보면서 내 몸이 진아의 소리를 듣는 지 알아본다. 손뼉을 살짝살짝 치거나 무릎을 쳐도 된다. 진아가 소리 내는 것을 몸이 듣는다고 생각한다. 그러면서 몸을 앞뒤 좌우로 옮겨가면서 소리를 들어본다. 진아의 소리를 들으면서 진아의 모습도 보아야 한다. 즉 손뼉 치는 모습도 보이고, 손뼉 소리까지 들어야 한다. 이것을 계속한다.

꾸준히 연습하면 내 몸도 살아 있고, 진아도 살아 있음을 느낀다. 그러면 내 몸이 나이고, 곧 진아임을 알게 된다. 두 개가 곧 하나임을 느끼게 된다. 이것이 이심전심이다.

이 훈련은 정신을 집중해서 매우 강도 높게 연습해야 한다. 몸에서 피를 내서 그것을 젖은 솜에 묻혀 앞에 놓고 몸이라 생각하면서 수련한다. 관심을 집중하면 반드시 이심전심이 된다. 1주일 이상 정성껏 연습해야 어느 정도 수련이 된다.

사실 이 수련법은 원래 스승이 제자에게 살짝살짝 비밀리에 전해 주는 것이다.

제5단계; 멀리가기

1분 간격으로 몸이 진아를 바라보고, 진아가 몸을 바라본다. 이렇게 계속하면 이심전심이 되는데, 천리만리 떨어져 있어도 이심전심이 될 수 있다. 이심전심은 마음이 가는 것이다. 처음에는 바로 내 앞에 몸, 즉 분신을 두었다가 이제는 점점 멀리 떨어지게 하여 연습한다.

이런 식으로 1분 간격으로 서로 계속 보고, 또 보고 한다. 다음에는 눈앞에 두꺼운 벽이 있다고 생각한다. 벽이 있더라도 마음은 다 뚫고 들어갈 수 있다. 벽 뒤쪽에 몸이 있다고 생각하고 진아와 몸이 서로 보고, 또 본다. 마음은 어떤 것도 거리낌없이 통과할 수 있기 때문에 거리나 벽과 같은 장애물 따위는 방해물이 되지 않는다.

가까운 곳에서 시작하여 차츰 차츰 몸과 진아의 거리를 넓혀 간다. 그리고 멀리서도 소리를 내어 들어본다. 그대로 앉아서 1시간 이상씩 수련한다. 몸을 앞뒤 좌우에도 놓고 수련한다. 몇 주일의 수련을 거쳐야 한다.

제6단계; 유체이탈과 곡선수련

지금까지는 직선거리에서 수련했다. 이제는 1층에서 2층까지 마음, 즉 진아가 갔다 오는 수련을 한다. 그러면 곡선으로 갔다왔다하는 셈이다. 나의 진아가 부엌으로 갔다 방으로 갔다가 다시 이 자리로 올 수 있다. 이게 곡선수련이다. 나의 진아가 수련방에서 자기 집에 갔다 올수도 있다. 가까운 곳에서 점점 멀리 다녀온다.

이 수련에 숙달하게 되면 밤에 멀리 떨어져서 잠자는 사람의 꿈 속으로도 들어갈 수 있다. 그러면 꿈꾸는 사람이 자기를 볼 수도 있게 된다. 이것이 바로 산 부활이다. 이 수련도 여러 주일을 필요로 한다.

제7단계; 자기 전생보기

곡선 연습을 했으면 자기 전생도 곡선으로 바라볼 수 있다. 마음은 시공간을 초월해 어디든지 갈 수 있기 때문이다.

나의 몸이 태어나기 전에는 무엇이었을까. 진아인 나는 태어나기 전의 모습을 문득 생각할 수가 있게 된다. 문득 보이는 첫 번째가 자기 전생이고, 두 번째 세 번째 보이는 것이 제2, 제3의 자기 전생이다. 내 몸을 생각하면서 내 몸이 태어나기 전에 나는 과연 무엇이었을까. 곰곰이 생각해 보면 문득 떠오르는 게 있다. 그것이 자기 전생인 것이다.

앞에서 말했듯이 마음은 모든 것을 통과할 수 있다. 벽도, 건물도, 돌덩어리, 쇳덩어리도, 산도 뚫을 수 있다는 것은 과거를 거슬러 올라가 자기 과거도 볼 수 있다는 뜻이다. 그 반대로 미래를 꿰뚫어 볼 수도 있는 것이다. 전생을 보기 전에 먼저 곡선 수련이 잘 되는지를 확인해야 한다. 곡선수련이 완벽해야 전생수련이 가능하다.

전생수련을 다시 할 경우에도 곡선 수련부터 한다. 부엌과 방을 둘러보고 그릇과 옷의 배치는 어떻게 되어 있는가를 확인한다. 운동장에 나가 화단을 바라보기도 한다. 그리고 이 몸이 생기기 전에 나는 무엇이었을까. 마음이 가게 되면 홀연히 보이는 것이 전생이다.

전생은 사람만이 아니라 새, 나비, 나무, 동물, 또는 큰 성인이었을 수도 있다. 남자일 수도 있고 여자일 수도 있다. 내 마음이 뚫고 보는 것이기 때문에 보이는 그 자체가 제1 전생이다. 마음공부는 마음먹기에 달린 것이다. 마음공부는 내가 위대해져서 마음 가는 대로 가는 것이다.

전생을 보고서도 이것이 아니다라고 생각할 필요가 없다. 보이는 그 자체를 인정하고 받아들여야 한다. 전생은 그리 중요한 게 아니다. 현재의 존재가 나의 진짜 존재이기 때문이다. 과거는 무시해도 된다. 사람이 아닌 도깨비가 보인다고 해서 겁낼 이유가 없다.

제8단계; 혼 줄 돌리기

이번에는 종이에 내가 원하는 것을 적어라. 부처가 되겠다면 '부처'라고 적는다. 진실로 내가 소원하는 것을 적는다. 다음에는 무엇을 만드는 행위다. 이 수련도 물론 상상으로 하는 것이다.

동전 100원, 500원짜리 두 개를 준비한다. 자기 앞 좌우에 동전 하나씩을 놓는다. 그리고 내가 서원한 종이를 동그랗게 만다. 그 종이에 동전을 넣어 줄에 매단다. 동전을 넣는 것은 잘 돌릴 수 있게 하기 위한 것이다. 티베트 사람들이 법륜을 돌리기거나 염주를 돌리면서 서원하는 모습을 흔히 볼 수 있다. 종이는 객체이고 내가 주체다.

앉은 상태에서 손가락에 줄을 끼어 시계 방향으로 천천히 돌린다. 돌리면서 어떤 특정인을 생각하면 그 사람 모습이 나타난다.

돌리는 이것은 개체의 '나'이자 전체인 '나'이기도 하다. 이렇게 하면 모든 것을 다 이룰 수 있다.

자동차도 비행기도 돌아가면서 목적지를 간다. 천천히 돌리면서 내가 원하는 것을 이루어 보기 바란다. 이 줄은 바로 탯줄이요, 명줄이요, 혼 줄이다.

이렇게 하면 신통을 할 수도 있다. 신을 보는 것이 신통이다. 신통을 하고 난 다음에는 영통을 한다. 영을 보는 영통을 먼저 하면 자칫 빙의될 수도 있으므로 주의해야 한다. 신을 보되 고급 신을 보아라. 강 증산, 예수, 옥황상제, 여호와, 석가 등은 모두 고급 신이다. 저급 신을 찾으면 안 된다.

신통을 하고 나면 영통은 쉽게 된다. 먼저 자기 집안의 영들을 볼 수 있다. 신통을 하고 나서 영통을 해야 한다는 점을 잊어서는 안 된다. 신통은 누구부터 해야 할까. 석가, 예수, 공자, 마호메트 등이 우선이다.

혼 줄을 가능하면 길게 잡아 보라. 자기 몸 주위를 계속 돌린다. 돌리는 이는 진아이고, 돌림을 당하는 것은 내 몸이다. 주체와 객체가 하나 된다. 몇 주일 계속 돌리는 연습을 한다.

제9단계; 마음은 시공을 초월한다

마음은 시공을 초월한다. 이제는 시공을 뛰어 넘어 1천년, 2천년, 3천년 후로 가본다. 몇천 년 후 어느 날을 생각해 본다. 그때도 미국은 세계 최강국인가. 인간 세상은 어떻게 되어 있는가. 그

때는 여러분은 없고 후손들만 있다.

먼 훗날 어느 시절의 신문도 보고, 방송도 들어본다. 신문기자가 취재하듯, 미국과 한국의 지도는 어떻게 전개되어 있는가. 이웃 중국과 일본은 어떻게 되어 있는가를 살펴본다.

수련이 깊어지면 마음대로 과거와 미래를 들여다볼 수 있는 것이다. 예언은 '요한계시록' 처럼 환상에 의해 하늘로부터 받아서 이루어지는 경우도 있지만, 이처럼 유체이탈을 통해서도 이루어지는 것이다.

4

하느님과 깨달음

'하느님'의 실체와 유래

'하나님(Hananim)'은 하늘과 님의 합성어이다. 이것을 애국가에서는 우리말 고유명사 '하느님'으로 부른다. 하늘의 님인 동시에 세상에 하나뿐인 님인 것이다. 한자로는 천주(天主)에 해당된다. 한국 기독교에서는 신(God)을 하나님(God)이라 부른다.

100여 년 전 기독교를 전파하기 위해 이 땅에 온 서양인 헐버트를 비롯한 언더우드 등 기독교 선교사들은 우리 민족의 유일신 하느님에 대해 정확한 인식을 가지고 있었다.

기독교 선교사들은 선교를 쉽게 하기 위해서 자신들의 신 여호와를 대신해 우리 민족의 고유 신 이름인 하느님을 빌려서 쓰게 된 것이다. 선교사 헐버트는 "한국인들은 자신들의 '하나님'을 우주의 최고 주재자로 간주한다."고 분명히 밝혔다.

하나님 또는 하느님을 예수선교문답 등에 처음 채택한 사람은 1881년 선교사 존 로스이다. 그는 "한국인들이 하늘의 주(Lord of Heaven)라는 뜻으로 하나님(Hananim)으로 사용하고 있었으며, 한자로는 상제(上帝)로 번역했다."고 증언하고 있다. 그리고 한자 신(神)은 귀신(鬼神)으로 번역했다고 전하고 있다. 상제란 중국에서 일컫는 하느님이다.

선교사들은 여러 용어 가운데 '하나님' 용어를 채용한 것이 가장 좋았으며, 그 결과 한국인들에게 거부감을 일으키지 않고 기독교를 전파하는데 큰 도움을 받을 수 있었다며 그들 스스로도 감사와 감탄을 감추지 못했던 것이다. 1882년과 1883년 스코틀랜드 선교사 존 로스가 첫 번역한 한글판 누가복음 전서에 '하느님' 과 '하나님' 이라는 용어가 등장한다. 선교사들은 포교를 위해 한민족의 유일 신인 하느님이라는 용어를 차용하지 않을 수 없었던 것이다.

사실 하나님이 우리 민족의 유일신이라는 것을 아는 사람은 매우 드물다. 선교사 L. H. 언더우드박사는 "옛 한국의 일부였던 고구려왕국에서는 '하나님' 이라고 불리는 유일한 신만을 섬겼다. 그리고 그 유일한 신, 하나님은 크고 유일한 하나(Only One)를 가리키는 것이었다."고 설명해 놓고 있다. 하나는 유일하다는 뜻이며, 님은 큰 분을 의미한다.

우리말의 '하나님' 이라는 용어는 조선조 선조 때 시인 노계(蘆溪)(1561-1642)의 노래 가사 중에 처음 등장한다. 임금을 그리워하며 지은 가사 중에서 노계는 "일생의 뜻을 비옵니다. 하나님이시여."라며 자신의 소원을 하느님께 빌고 있다. 노계가 말한 그 하나님은 우리 민족의 무의식 속에 늘 존재하고 있었던 최고의 신인 것이다.

오늘날 우리 나라 기독교인들이 하나님을 전용 용어처럼 쓰고 있는 유래가 바로 그러한 것이다. 그러다 보니 일부 민족단체에서는 기독교인들이 전유물처럼 하나님 용어를 사용하고 있는 데 대해 은근히 질투가 나지 않을 수 없었던 것이다.

그래서 1992년 11월 17일 어느 민족 단체가 서울 민사지방법원에 기독교가 하나님을 빼앗아 갔다며 "하느님의 명호 도용 및 단군성조의 경칭 침해 배제소송."을 냈다. 그러나 법원은 판결을 하지는 않았지만 법률로서는 해결할 수 없는, 그리고 어떤 종교와도 관련이 없는 용어라고 판단해 유야무야시키고 말았다.

하느님은 우리 고유신이다

하느님은 사실 6000년 전에 나온 경전 '삼일신고'에 등장하는 일신(一神)을 가리키는 것이다. 이 일신은 우리말로 하느님, 하나님, 한울림, 한얼님 등으로 번역되고 있다. 삼일신고의 일신의 의미는 천부경에 나오는 대일(大一 = 큰 하나)과 같은 뜻이다.

인간에게는 스스로 존재하면서도 움직이지 않고 인간을 움직이게 하는, 즉 물질의 한계로는 설명하기 어려운 존재가 있다. 그것을 삼일 신고에서는 인간의 중심인 뇌에 내려와 계신다고 해서 일신강충(一神降衷)이라 했다.

　비물질적 존재인 그것은 바로 '유체'요, '영인체'요, 육체 속에 깃든 '속사람'인 것이다. 그러나 여기서 뇌 속에 있다는 것도 후대 사람들의 설명일 뿐이다. 뇌가 마음을 움직이는 중심 역할을 하기 때문에 그렇게 설명했을 뿐이다. 사실 인간을 움직이게 하는 비물질적 실체인 마음은 뇌 속에 있는 것이 아니라 유체의 형태로 온몸에 다 들어 있다.

　우주 삼라만상의 모든 중심은 움직임이 없다. 아무리 위력적인 태풍이라도 그 중심은 고요하다. 태풍의 눈이다. 어느 종교에서는 우주 중심의 어느 곳에 우주를 움직이는, '움직이지 않는 거대하면서도 고요한 파라다이스 섬' 하나가 있는데 그것을 '하보나'(habona)라고 이름 붙이고 있다. 이 영원한 중앙 우주는 무한의 지리적 중심이요, 영원한 하나님이 계신 곳이라고 설명하고 있다.

　이처럼 인간의 중심인 마음의 본바탕도 원래는 '고요' 그 자체이다.

　그리고 발해국의 시조 대조영은 하느님을 "지극히 밝고 신령함이며, 만 가지 조화를 주재하는 주님(主任=Junim)이로다."라고 설명했다. 절대신 하느님을 만 가지 조화를 이루신 주님으로 표현해 놓은 것이다. 기독교에서 말하는 주님은 곧 절대신 하느님을 일컫는다.

하느님은 천지를 창조하신 절대자를 말한다. 그것은 바로 화기 우주를 일컫는 것이다. 천지 창조자인 우주는 자신이 하느님이면서도 스스로 하느님임을 뽐내거나 자랑해 본 적이 없다.

종교를 만든 인간들이 우주를 인격신으로 표현해 놓은 것이 하나님이요, 부처요, 알라요, 단군인 것이다. 또 성령(聖靈)이라는 단어도 천부경, 삼일신고와 함께 배달민족의 삼대경전으로 꼽히는 참전계경 맨 앞에 나오는 말이다. 여기서 성령은 환웅할아버지를 가리키는 말이다.

사실 기독교의 성령은 영을 말하며, 그 영은 이 세상 모든 사람에게 거하고 계시는 하느님인 것이다. 그러므로 성부(하느님)와 성자(예수), 성령(나), 즉 삼위는 일체인 것이다.

그러니까 주님과 성령은 기독교인들의 전용 용어가 아니라 우리 민족 고유의 언어인 것이다.

그렇다면 하느님과 신은 어떻게 다른가. 서양이나 인도에서는 우리가 말하는 하느님(God)과 신(God)을 같은 의미로 쓰고 있다. 그러나 우리 나라에서는 둘을 다른 의미로 쓰고 있다. 하느님은 그야말로 전지 전능한 우주 그 자체를 말한다. 우주 그 자체가 지성을 가진 인격체이기도 하다는 뜻이다.

우리가 말하는 신은 하느님보다는 한 단계 아래인 것이다. 그래서 저급 신이 있고 고급 신이 있는 것이다. 산신이 있고 바다신이 있고 지역신이 있는 것이다.

신은 인간의 이상적 존재

사실 신(神)이란 것은 인간이 바라는 이상적인 존재인 것이다. 인간에게는 완전한 사랑이 필요하지만 현실에서는 그런 사랑을 가진 존재가 없다. 따라서 완전한 사랑을 가진 존재를 원하게 된 것이다. 또 사랑뿐만 아니라 완전한 지혜, 완전한 지식, 완전한 도덕성, 완전한 능력을 가진 존재를 인간은 소원해 왔다.

그러나 현실에서는 그런 존재가 없다. 그처럼 인간이 바라는 이상적인 존재를 바로 신(神=God)이라는 표현으로 부르게 된 것이다. 결국 신이 인간을 그의 형상대로 창조한 것이 아니라 인간이 신을 인간의 이상형으로 창조한 것이다.

그러니까 우리 나라에서 말하는 하느님은 전지전능한 존재, 즉 신보다 훨씬 높은 차원의 존재다. 다시 말하면 인간이 신을 창조하기 이전부터 이미 영원한 존재로 존재해 왔던 것이다.

> **※참고**
> 나는 이 책 여러 곳에 하느님, 또는 하나님이라는 표현을 사용했다. 하느님이라고 쓸 때는 애국가 가사처럼 일반적으로 사용하는 고유명사로 사용했으며, 하나님이라고 할 때는 기독교인들과 관련된 내용을 이야기할 때만 그렇게 사용했다. 신(神)이란 용어도 상당히 헷갈리는 부분이 많다. 이 책에서 하느님과 내 안의 신을 말할 때는 '신과 하느님'을 동격의 의미로 사용했음을 밝혀둔다. 고급 신이나 저급 신이라고 할 때는 하느님보다는 차원이 아래라는 뜻으로 사용했다.

시방삼세(十方三世)가 내 것이다

경전은 모든 사람이 하느님이요 부처라고 가르친다. 내가 하느님이요 부처라면 과거 현재 미래, 그리고 일체 만물은 당연히 나의 소유다. 하느님은 우주 그 자체이기 때문이다. 불교에서 말하는 시방세계(十方世界), 즉 동·서·남·북·동북·동남·서남·서북·상하에 있는 무수한 세계가 곧 우주인 것이다.

내가 우주 자체라면 모든 인간들도 나의 자식인 셈이다. 천인지(天人地)의 모든 것이 내 속에 있기 때문이다. 그러므로 우주의 모든 권한, 즉 대권은 내가 쥐고 있는 것이다. 내가 대권을 쥐었으면 모든 중생이 다 내 자식이다.

부모는 자식에게 무조건하고 대정(大情), 즉 큰 정을 쏟아 붓게 마련이다. 따라서 그 정을 쏟는 대상은 종교의 유무와 인종의 피부색을 가릴 이유가 없다. 자식에게 주는 정은 바로 신의 무한한 사랑과 같은 것이다.

부모가 자식에게 젖을 줄 때는 결코 무엇을 바라는 것이 아니고, 건강하게 잘 자라 달라는 것이다. 그리고 자식을 키우는 데는 부와 모의 역할이 따로 있다. 어머니는 먹이고 입히는 역할을 맡는다. 아버지는 자식을 교육시킬 의무가 있다.

이와같이 하느님 아버지는 진리를 가르치고 집행한다. 하느님 어머니는 감싸고 먹여 주고 입혀 준다. 하느님은 대정을 쏟아 부어 조건 없는 사랑, 즉 아가페 사랑을 실천한다.

깨우치기 전에는 마치 한 나라의 왕자처럼 자기밖에 몰랐다. 홀연히 깨우쳐 왕이 되면 모든 국토가 다 내 것이다. 왕자에서 왕이 되면 한 생각 더 크게 가지고 전체와 하나된 마음으로 폭넓게 사고하게 된다. 작은 나라의 임금이 아니라 대우주의 은하계를 돌리는 왕이 됐다고 생각해 보라. 그러면 나는 정말 얼마나 크고 위대할 것인가.

시방삼세가 내 것이라는 깨달음이 왔을 때부터는 인간만이 아니라 동식물과 무생물에게도 축복을 내려 주어야 한다. 그리고 현생의 인류뿐 아니라 죽어가는 모든 것들에게도 덕담을 해 주는 것이 깨친 자의 도리이다.

예수는 하나님인가

그렇다면 예수는 과연 하느님의 아들인가 아닌가. 이 문제는 예수가 승천한 이래로 오늘날까지 모든 그리스도를 믿는 사람들에게는 가장 큰 의문이요, 숙제로 남아 있다. 오늘날에도 기독교의 교파에 따라서는 '예수가 신(神)이다.' 라는 파와 '신이 아니다.' 라는 파로 나눠져 있다. 기독교에서 신(God)은 곧 하느님(God)을 의미한다.

이 문제는 로마에서부터 미국과 한국에서도 늘 논란의 대상이 되어왔고, 앞으로도 그럴 가능성이 항상 존재하고 있다.

예수는 '내가 하나님의 아들.' 이라고 주장하다가 민란을 일으

킨 정치범으로 몰려 로마 총독 빌라도의 명령에 따라 이스라엘 예루살렘 골고다 언덕으로 끌려가 십자가 형틀에 매달려 죽었다. 십자가형은 당시 로마의 정치범들에게 가해진 일반적인 형벌이다.

십자가에서 한 말 중 가장 유명한 내용은 "엘로이 엘로이 레마 사박다니."이다. 우리말로는 "나의 하나님, 나의 하나님! 어찌 나를 버리셨습니까."라는 뜻이다. 마가복음에 적힌 내용이다. 하나님에 대한 절대적인 신뢰를 나타낸 말이기도 하다.

예수는 십자가에 못 박히기 전 제자들과 함께 감람산 겟세마네 동산에서 기도를 드렸다.

"나의 아버지, 하실 수만 있으시면, 이 잔을 내게서 지나가게 해 주십시오. 그러나 내 뜻대로는 하지 마옵시고, 아버님의 뜻대로 하소서." 이 기도를 남기고 배신자 유다의 안내를 받은 군인들에게 잡혀갔다.

여기서 예수가 말한 '나의 하나님'과 '나의 아버지'는 같은 뜻이다. 예수는 자신이 하나님의 아들임을 분명히 밝힌 것이다. 따라서 기독교 신자 가운데는 예수를 하나님의 아들이자, 신이라고 믿는 교파가 훨씬 많은 것이다. 그러나 미국에서 생긴 '여호와의 증인교'는 예수가 하느님이라는 교리를 거부하고 있다.

그리스도 교인들의 이런 논쟁과는 무관하게 필자는 기독교인이 아니지만 "예수가 하나님이다."는 말에 동조하고자 한다.

예수는 분명 하나님의 아들이다. 요한복음은 예수를 하나님의 아들로 묘사하고 있는 복음서이다. 특히 복음서에서는 하나님의 아들로서의 예수의 신성을 강조하면서 예수에게 "하나님의 양, 세상의 빛, 선한 목자, 생명의 떡, 길, 진리, 생명." 등 수많은 호칭을 붙이고 있다.

성경에는 삼위일체를 강조한다. 삼위일체는 성부와 성자(성신), 성령을 일컫는다. 성부는 하느님이요, 성자는 예수이다. 그리고 성령은 하느님의 영을 받아 태어난 모든 사람을 가리킨다. 성부와 성자, 성령은 삼위일체이므로 예수는 당연히 하나님인 것이다.

필자가 그렇게 동의하는 데는 또다른 이유가 있다. 예수는 자신이 스스로 하나님이라고 믿을 수 있을 만큼, 30년 세월 동안 피나는 수련을 거듭한 끝에 자신의 모든 의식상태가 진정으로 하늘과 하나가 되신 분이다. 예수가 30세가 되어 요한으로부터 '침례'를 받은 것은 이미 위대한 성인의 반열에 오를 만큼 하나님과 일체가 됐다는 뜻이다. 예수의 개체의식이 전체의식인 하나님 의식으로 바뀌어 있었음을 의미한다.

예수는 "나를 믿지 말고 나를 보내신 이를 믿어라."고 했다. 하나님이 어떻게 생겼느냐고 물었을 때 "나를 보고도 하느님을 찾느냐."고 말했다. 그는 이미 자신 속에 하느님이 거하고 계신다는 것을 굳게 믿고 있었던 것이다.

예수는 30년 동안 이스라엘과 인도, 이집트 등을 순례하면서 수많은 영적 지도자들과 교류를 했을 뿐만 아니라 스스로 온갖 고통과 인간적인 고뇌를 겪으면서 영적 수련을 쌓아 왔다. 그 결과 하늘이 감동하여 '궁극적 실재'인 하늘과 하나가 되는 영적 체험을 하게 한 것이다.

예수가 여러 가지 기적을 행할 수 있었던 것은 내면에 존재하는 하느님으로 하여금 물질적인 욕망의 육체를 지배할 수 있게 했기 때문에 가능했던 것이다. 그의 내면에 타오르고 있던 하느님의 불꽃은 오늘날에도 모든 사람의 가슴속에서도 똑같이 불타오르고 있는 것이다.

사실 하나님은 아브라함으로부터 42대(42번)의 윤회를 거듭한 끝에 하나님 아들인 예수로 태어나게 한 것임을 알아야 한다. 기독교에도 원래는 불교와 마찬가지로 윤회사상을 가지고 있었다. 그런 윤회 사상을 어느 신학자가 없애 버린 것이다. 그러나 최근 들어와서는 기독교에도 윤회사상이 있다는 사실을 뒷받침하는 옛 문서와 주장이 나오고 있다.

이런 사실을 간과한 채, 그가 신인가, 아닌가 하고 수천 년 동안 논쟁해 온 것은 넌센스다.

예수는 신인인간이다

그리고 예수는 육체를 받아 태어나기 전에 신이었으므로 신인(神人)인간으로 태어났다. 예수는 태생 때부터 이미 하나님이라고 할 수 있는 것이다.

예수와 함께 부처님도 원래 신인인간이었다.

그렇지만 아무리 신인인간이라 하더라도 자신이 신인인간임을 모른다면 그는 결코 하느님으로 거듭 태어날 수가 없는 것이다. 비록 인성인간(저 세상에 있을 때 사람으로 있다가 육체를 받아 사람으로 태어난 사람을 말한다)도 못되는 수성인간(짐승으로 있다가 사람으로 테어남 사람)이라 하더라도 육체를 받은 현세에서 온갖 정성을 다하여 하늘에 기도하고, 마음을 깨끗이 닦으면 예수와 같이 하느님의 아들로 거듭 태어날 수 있는 것이다.

그러므로 기독교인들은 이제부터 예수가 하나님이라고 자신 있게 말할 수 있어야 한다.

예수뿐만 아니라 현세에 사는 누구든지 개체의식이 아닌 전체의식인 하나님과 하나가 될 수 있도록 진실한 마음으로 하느님이 되겠다는 각오로 마음수련을 쌓으면 하나님이 될 수 있다는 사실을 깨달았으면 한다.

우주의 궁극적 실재란 무엇인가

기원전 8-6세기에 제작된 인도 힌두교 경전 '우파니샤드' (Upanisads)에 보면 우주의 궁극적 실재를 '브라(흐)만' (Brahman)이라고 정의하고 있다. 한자로는 범(梵)으로 번역된다. 이 경전에서는 깨달음을 중요시한다. 그러면 깨달음이란 무엇인

가. 우주의 궁극 실재인 브라흐만을 깨닫는 것이다.

그러면 브라흐만은 또 무엇인가. '이것도 저것도 아니다.' 라는 것이다. 힌두교에서는 그것을 '네티 네티'(neti neti)라고 말한다. 인간의 생각이나 언어적인 관념으로는 "이것이다. 저것이다." 하고 딱부러지게 무엇이라고 표현할 수 없다는 뜻이다.

노자가 이야기하는 도가도 비상도(道可道 非常道), 즉 '도라고 말해 버리면 이미 그것은 도가 아니다.' 라는 말과 같은 내용이다. 즉 브라흐만이 '이것이다.' 하고 생각하는 순간, 그것은 절대적인 브라흐만이 될 수 없다는 것이다. 노자가 말한 도란 사실은 우파니샤드가 말하는 궁극적 실재인 것이다.

우주 전체의 생명 의식체를 브라흐만이라 한다. 그리고 개인에게 나타나는 브라흐만의 빛을 아트만이라 한다. 브라흐만은 우주의식이요, 아트만은 개체의식인 진아인 것이다. 진실로 깨달음을 얻은 성자들은 아트만이 곧 브라흐만이라고 말한다.

브라흐만을 좀 더 자세히 풀이한 내용을 보면, 나의 본질인 참된 자아, 즉 아트만(atman)이라는 것이다. 브라흐만의 구체적인 나타남이 곧 '나' 라는 것이다. 그래서 나는 곧 브라흐만이요, 그대 또한 브라흐만이라는 뜻이다. 한자어로는 참된 나 즉, 진아(眞我)이다. 아트만과 진아는 내 안의 하느님, 즉 영을 말한다. 영은 기독교에서 말하는 성령이다.

내가 곧 브라흐만이라는 사실을 몸소 깨닫는 것이 바로 궁극적 실재의 체험이라 할 수 있다. 이것이 바로 해탈(解脫) 즉, 목샤(moksa)인 것이다.

브라흐만은 사실상 이 책에서 주장하는 화기(和氣)라고 할 수 있다. 화기란 지구를 둘러싸고 있는 대기와 우주의 모든 은하계를 떠있게 하는 진공을 합쳐 일컫는 말이다. 화기는 곧 우주만물과 생명체에 활기를 불어넣는 근본을 말한다. 그것은 곧 절대자 하느님인 것이다. 우리는 수련을 통해 나와 화기가 하나가 되는 체험을 할 수 있다.

우아일체(宇我一體), 즉 우주와 내가 하나 되는 그 의식상태가 바로 궁극적 실재를 체험하는 것이 된다. 그렇게 되면 나의 의식상태는 우주의식이 된다. 의식의 일대 변화를 체험하게 되는 것이다. 화기와 내가 하나 된다는 것은 개체인 내가 전체인 우주와 하나 되어, 내가 곧 하느님이 된다는 뜻이다. 나는 나타나 있는 우주다. 그것이 우주 비밀의 본질이다.

그리고 노자가 '도가도 비상도'에서 이야기하는 도(道)는 정의되거나 논의될 성질의 것이 아니라는 뜻이다. 그러면서도 도덕경 제42장에는 도가 하나를 낳고, 하나가 둘을 낳고, 둘이 셋을 낳고, 셋이 만물을 낳는다고 했다.

즉 도는 만물의 근원, 존재의 근거라는 뜻이다. 하지만 더 이상은 설명하지 못하고 있다. 노자가 설명하지 못한 그것은 바로 해,

달, 별, 지구를 낳은 우주 하느님을 말하는 것임을 알아야 한다.

여러 경전에서 이야기 하는 "그들은 내 안에 있고, 나 또한 그들 안에 있다."는 말은 인간과 하늘이 하나라는 뜻이다.

동학에서 설명하는 인내천(人乃天)과 같은 표현이다. 사람이 곧 한울님(하느님)인 것이다. 동학에서 말하는 한울님은 인격적이면서도 동시에 초인격적이다. 사람을 초월하여 존재하지만 동시에 사람 속에 내재하는 그 무엇이다.

초월과 내재를 동시에 인정하는 범재신론(凡在神論=Panentheism)에 가깝다. 이런 신을 인격적으로 말할 때는 '한울님'이 되고, 초인격적으로 이해할 때는 '지기(至氣=우주의 근본적 실체인 한울님의 원기)'가 되는 것이다.

동학에서는 자기 속에 내재한 신성을 자각하고 인간으로서 할 일을 다하는 인격적인 사람을 '한울 사람' 도는 '성인'이라 한다. 그래서 만물은 한울님의 구체적인 표현이므로 풀 한 포기, 나무 한 그루라도 함부로 하지 말라고 한다. 우리가 쌀 한 톨을 먹어도 그것은 한울님을 먹는 것이 된다는 것이다.

우파니샤드의 브라흐만이나 불교의 진아, 동학의 인내천은 나의 본질을 이야기한 것이다. 수행의 궁극적인 목표는 내 속의 나를 찾아 내가 곧 하느님임을 깨닫는 데 있다.

인간은 어떻게 죽어가나

인간이란 자의식을 가진 에고와 영적 존재의 결합체이다. 자의식에 사로잡혀 살게 되면 동물보다 조금 나은 삶을 살 뿐이다. 그러나 에고에서 벗어나 참 나를 되찾게 되면 자신에게 무한한 힘이 있음을 알게 된다. 인간은 스스로 한계가 있다고 생각하기 때문에 한계가 있는 것이고, 주어진 환경에 종속되어 살아야 한다고 생각하니까 거기에 종속되는 것이다.

이스라엘 출신으로 한때 잠시 초능력을 발휘한 적이 있는 유리 겔라(1946년생)의 실험이 그것을 반증한다. 유리 겔라의 초능력은 미항공우주국(NASA)의 검증도 받은 바 있다. 그는 1985년 한국에 와서도 TV를 통해 시청자들에게 숟가락 구부리기 시범을 보인 적이 있다.

그는 초능력을 통해 TV를 보고 있던 아이들이 각 가정에서 똑같이 숟가락 구부리기를 해보여 세상을 놀라게 했다. 그러나 어른들은 잘 되지 않았다. 그 까닭은 어른들은 불가능하다고 믿었고 아이들은 스스로도 가능하다고 믿었기 때문에 가능했던 것이다.

정신적인 본질을 진정으로 의식할 수만 있게 된다면 무한한 능력이 현실화되고, 주어진 환경을 초월해 갈 수 있다. 인간이 죽으면 육체는 소멸한다. 그러나 영적인 존재는 남아서 본래 그것이 나온 우주의 보편적인 정신과 합쳐진다. 인간의 본질은 영혼이다.

식물은 씨앗을 심고 싹이 돋아 꽃이 피고, 다시 씨앗을 낳는다. 인간의 일생도 씨앗을 심어 다시 씨앗이 되는 과정이다. 그 씨앗은 다시 또 다른 씨앗을 잉태한다. 따라서 육체의 사망은 어떤 방에서 다른 방으로 이동해 가는 장소의 이동에 불과하다. 육체는 없어져도 영혼은 불멸한다. 기독교에서 '영생'을 이야기하고, 불교에서 '열반에 든다'고 하는 것도 영혼 불멸을 이야기한 것이다.

거듭 이야기하지만 육신이 죽기 직전 몸속에 있는 유체가 빠져나온다. 유체와 육체가 완전히 끊어진 상태가 곧 사망이다. 유체는 곧 영혼이 된다. 혼 줄이 잘려나가면서 인간은 마지막으로 세 가지를 경험한다. 첫째, 지금까지 들어본 적이 없는 엄청난 큰 소리가 귓전을 울린다. 세상이 끝났음을 알리는 소리다.

우리가 처음 태어날 때는 앵! 하고 내가 울었다. 그러나 죽음의 신호는 그 반대다. 나는 침묵하고 세상은 한꺼번에 큰 소리를 내서 나의 죽음을 나에게 알리는 것이다.

둘째, 통과의식으로 터널을 지나게 된다. 터널을 빠져나오면서 지금까지 본 적이 없는 강력한 빛이 눈에 들어온다. 어떤 영들은 여기서 당황하여 갈피를 못 찾는 경우도 있다. 그 빛을 따라가야 한다. 셋째, 아주 역한 냄새가 난다.

이런 현상들에 대해서 당황하거나 놀라지 말아야 한다. "아! 이것이 바로 육신의 죽음이구나!" 하고 담담하게 받아들여야 한다.

그런 마음가짐을 갖는 것이 이 세상에서 내가 마지막 할 수 있는 유일한 일이다. 이는 대각자가 유체이탈을 통해 확인한 내용이다.

구약성경의 해석법

구약성경 가운데 '창세기'의 숨은 비밀은 무엇인가. 구약성경 1장 1절에는 '태초'라는 말이 등장한다. 그 태초는 시간의 개념이 아니라 성부 하나님이라는 뜻이다. 하나님이 천지창조를 했다는 구약성경의 말씀은 하늘과 땅, 모든 만물만상을 의미하는 것이 아니라 하나님의 말씀을 통해서 하나님의 영적인 아들로 거듭 태어난 무리들을 말하는 것이다. 이것은 인간이 영적으로 깨달아 거듭태어나야 한다는 것을 강조한 것이다.

그러면 성경에서 말하는 빛은 무엇인가. 성경의 빛은 태양빛을 말하는 것이 아니라 하나님의 생명이며, 사랑이며, 하나님의 능력인 진리 그 자체를 말하는 것이다. 그러니까 성경에서 말하는 빛은 어두움과 혼돈, 그리고 죄를 구원해 주는 존재를 말하는 것이다.

흔히 목회자들 가운데는 예수를 그냥 믿기만 하면 천국으로 간다고 주장한다. 이런 주장은 틀린 말이다. 예수는 말했다. "주여, 주여 하는 자가 모두 천국에 가는 것은 아니다. 천국에 갈 수 있게 되는 것은 아버지인 하나님의 뜻을 실행하는 사람뿐이다."

더구나 예수가 태어나기까지는 성경 속에 나타난 인물들이 42대의 윤회가 있었다는 사실을 모르기 때문에 그런 거짓 증언을 하고 있는 것이다. 예수가 수십, 수백 번의 창조 윤회를 거쳐 태어났듯이 오늘날의 인간들도 천국으로 가기 위해서는 하나님의 생명으로 거듭나야만 한다. 그래야만 인간이 인간으로 세상에 태어난 진정한 목적이 성취되는 것이다.

하나님은 누구인가. 하나님은 영이시다. 그러므로 하나님을 예배하는 자는 진실된 마음으로 예배해야만 예배하는 자의 제물을 받아들인다. 하나님의 소산이 아닌 물욕으로 만든 제물은 아무리 많아도 하나님은 거두어 들이지 않는 것이다.

이것이 바로 성경의 비밀인 것이다. 하나님의 생명으로 거듭난 자가 바치는 제물이라야 하나님이 진정한 제물로 받아들이는 것이다. 하나님은 하나님의 생명으로 거듭난 자들을 원하시는 것이다.

로마서 12장 1절에 "너희 몸을 산 제사로 드리라."고 했다. 이 말씀은 진리와 성령으로 거룩하게 변화된 너의 몸을 제물로 하나님께 바치라는 뜻이다. 이것이 바로 산 제사인 것이다. 하나님께 바라는 기도도 자기의 욕심을 채우기 위해 도와 달라는 기도에는 결코 응답을 하지 않으신다. 그런 기도는 가증스런 기도일 뿐이다.

진정으로 하나님께, 하늘에 기도를 드리려면 먼저 자기 안에 있는 모든 욕심을 버리고, 진실한 마음과 올바른 생각을 가지고 정성을 다해 기도 드려야 하는 것이다. 하나님은 인간의 가식적인 기도를 엄격히 구별하신다. 하나님은 영이시기 때문에 영적인 헌물 외에는 받으시지 않는 것이다. 하나님께서 무조건 모든 것을 받아들인다고 생각하면 큰 착각이다.

그렇다면 하나님의 아들로 잉태되기 위해서는 어떻게 해야 할까. 흔히 하나님을 믿지 않는 사람에게 죽기 전, 즉 임종 5분 전에 목사가 기도해 주면 즉시 천국으로 간다는 주장도 거짓된 것이다. 누구나 쉽게 예수를 믿기만 하면 간단히 천국으로 들어간다는 주장은 멸망으로 가는 가장 넓은 길이요, 지름길이다.

정말 그렇다면 평소에 굳이 예수를 믿을 필요가 없지 않은가. 거짓 선지자나 거짓 사기꾼 목회자들의 말에 속아넘어가지 않기를 바란다. 그렇지만 죽기 전이라도 속죄를 할 수 있다면 훨씬 하나님 가까이로 다가갈 수 있는 것은 분명하다.

하나님이 인간을 창조하신 목적은 하나님과 모양과 형상이 같은 하나님의 아들로 완성시키기 위함이다. 하나님의 뜻에 따라 하나님 말씀으로 거듭나서 이웃 영혼들을 구원하라는 것이 하나님의 인간 창조 목적인 것이다. 하나님은 모든 인류를 첫 인간인 아담으로 완성시키시고 싶은 것이다.

하나님의 아들로 거듭나서 이웃 영혼들을 구제하면 그가 곧 구세주인 것이다. 구약성경이 인류에게 알리고 싶었던 것이 바로 이 것인 것이다.

그러나 구약성경을 쓴 기자는 구약성경에 무엇인가 허점을 남기고 있다.

구약전서 창세기에서 출애굽기, 레위기, 민수기, 신명기 등 모세 5경을 보면 새 임금을 선출할 때는 선이고, 건너뛸 때는 악으로 묘사하고 있다. 선과 악의 연속이다. 끝까지 여호와를 보살핀 왕이 없다. 솔로몬왕도 여호와를 믿다가 다른 종교로 옮겼다. 구약성경은 솔로몬왕까지만 기술하고 그 이후까지는 더 이상 언급하지 않은 게 옳았을 것이다.

구약성경은 마치 동양의 무협지를 보는 느낌이다. 칼로 서로 싸우고 피를 흘린다. 구약성서는 율법과 징벌의 신을 강조했다. 신약성서는 사랑과 자비의 신을 강조했다. 그 점이 신구약의 큰 차이라 하겠다.

예수는 신을 가르쳤고 석가는 마음을 가르쳤다. 그래서 사도 바울이 죽은 지 100년이 지나 나타난 마르시온이라는 사람은 악과 징벌을 강조한 구약은 폐기해야 마땅하다는 주장을 편 것이다.

에덴동산은 태아의 세계

아담과 이브가 살았던 에덴동산은 선(善)한 사람들의 낙원이다. 청(淸)정한 낙원이요, 필요한 모든 것을 가질 수 있는 후(厚)한 낙원이다. '삼일신고'에서 설명하는 선, 청, 후(善淸厚)의 삼진(三眞)

이 온전히 존재하는 곳이었다.

그런 불변의 세계인 에덴동산이 선악과(善惡果)를 매개로 하여 변화무상한 세계인 현 세상으로 인간이 쫓겨나는 것으로 성경은 묘사하고 있다. 인간세상의 혼돈을 성경은 그렇게 표현한 것이다.

에덴동산의 상태는 인간에게는 태아의 상태나 마찬가지이다. 에덴동산은 태아와 마찬가지로 의식주를 비롯한 원하는 모든 것이 이상적인 상태로 주어지는 그러한 세계인 것이다. 에덴동산에서 쫓겨난 인간에게 다시 절대 신이 다스리는 이상세계인 천년왕국을 꿈꾸도록 만드는 것이 바로 기독교의 교리로 나타난 것이다. 종교는 결국 내세를 중요한 교리로 제시하고 있다.

성경의 선악과와 출산은 같은 연결고리이다. 착하고 깨끗하고 후덕하게 살았던 아담과 이브가 선악과를 통해 악하고 탁하며 후박한 세상으로 쫓겨났다. 태아도 마찬가지다. 출산을 통해 선악과 청탁하고 후박이 뒤섞인 세상으로 태어난 것이다. 그래서 각 종교가 내거는 공통적인 개념은 구세주 사상인 것이다. 재림예수가 구세주로 태어나고, 과거불이 미륵불로 나타난다고 주장하고 있다. 또 우리 나라의 「정감록」에서부터 「격암유록」에 이르는 여러 예언서에는 한국적인 구세주를 '정도령'이라고 칭하고 있다.

이런 예언서를 두고 21세기가 된 오늘날에도 스스로 예언서의 '정도령'이라고 주장하는 자칭 도인이 전국에 수없이 많다. 그러

170

나 그 모두는 거짓된 사람들이다. 이제는 세계인 누구나 다 마음을 닦으면 하느님과 하나이며, 살아 있는 정도령이요, 구세주임을 알아야 한다.

나를 지울 때 깨달음이 온다

마음공부를 하는 사람은 자기로부터 배워야 한다. 무엇을 배워야 하나. 내 속에 내가 없음을 배워야 한다. 현대인들은 정반대로 생활하고 있다. 자기 속에 자기 있음을 배워서 자기주장만을 내세운다.

현대인들은 조금 아는 것을 가지고 많이 아는 척한다. 그래서 자기 고집을 꺾지 않으려 한다. 자기 주장이 먹혀들지 않으면 절망하고 좌절한다. 내가 없다고 생각한다면 나를 주장하고, 나를 내세울 필요가 없는 것이다.

인간세상에서 '나'란 무엇인가. 나는 영(靈)과 육(肉)으로 구성돼 있다. 영과 육은 항상 자기 안에서 서로 싸우고 있다. 육체의 욕심은 자기 목숨보다 버리기 어려운 것이다. 육체의 욕심을 버릴 수만 있다면 하느님의 아들로 거듭 태어날 수 있다.

나 없음을 배우라는 것은 육신 속의 마음, 즉 영을 배우라는 뜻이다. 우리가 배워야 할 그 마음은 참마음이요, 진아인 것이다. 진아가 나를 지배하면 나는 늘 행복하게 된다. 모든 번뇌가 없어진 상태가 되기 때문이다. 진아는 우리가 태어나기 전부터 이제까지, 그리고 우리가 육체를 벗고난 다음에도 영원히 존재한다.

내 속의 나를 배우되, 나 없음을 배워라. 나 없음을 배우고 나면, 그것이 곧 부처요 하느님인 것이다. 뇌를 통해 생각하는 마음도, 내면에 잠재된 무의식도 내가 아니다. 진정으로 나 없음을 알기 시작할 때 서서히 깨달음이 온다. 그 모든 것들이 내가 아니라고 부정하고 나면 그것들을 지켜보는 깨어 있는 의식, 즉 각성(覺性, Awareness)만이 남는다. 그것이 나의 참 모습이다.

인격완성은 나를 비우고 버리는 데서 시작된다. 자아 소멸은 인격완성의 지름길이다. 머리 중에서 가장 좋은 머리는 텅빈 머리이다. 지식의 기억이 많은 사람은 새로운 것을 받아 들이기 어렵다. 기존 지식의 검열을 받아야 하기 때문이다.

그러므로 텅빈 머리가 가장 좋은 것이다. 지식인은 과거 지향적으로 살아간다. 지식은 과거 지향적인 것이기 때문에 미래 지향적으로 살려면 지식이 아니라 지혜로 살아야 한다.

마음공부는 지식으로 무장된 '나'를 버리는 데서 출발한다. 온갖 지식으로 고정관념에 사로잡힌 내가 있으면 분별시비만 일으키게 된다.

그렇다면 나를 없애는 방법은 무엇인가. 그것이 지구점 수련법이다. 지구점에 나의 모든 기억과 경험을 버리고 또 버려라. 그 다음 수련 단계인 법륜불, 불법석, 하느님 되기 수련법을 차례로 익혀 나가면, 육신이 없어지더라도 나는 영원히 부처로, 하느님으로 살아갈 수 있다.

사람은 본래 부처다

석가모니는 성불한 후 대중들에게 첫 가르침을 주었다.

"아! 고귀한 중생들이여. 그대들은 모두 부처의 지혜와 덕상(德相)을 가졌건만, 오로지 번뇌 망상에 집착되어 스스로 깨닫지 못하는구나. 그대들이 이 망상의 집착만 버린다면, 일체지(一切智=모든 것을 알게 되는 지혜)와 자연지(自然智=스스로 알게 되는 지혜)를 얻게 될 것이니라."

우리가 '내가 부처' 라는 사실을 미처 모른다고 하더라도 본래가 부처라는 사실에는 조금도 변함이 없는 것이다. 짚으로 새끼줄을 꼬고 짚신을 만들고 멍석과 삼태기를 만들어도 근본인 짚이라는 사실에는 변함이 없는 것과 마찬가지다.

사람의 현재 처지가 비록 젊고 늙고, 예쁘고 못생기고, 부귀하고 가난한 사람이라도 그 모습만 달리했을 뿐 근본은 하나다. 그 근본은 바로 모든 사람이 '본래 부처' 라는 점이다. 그렇다면 본래 부처의 실체는 무엇인가. 그 실체는 바로 무아(無我)다.

"형상이 있거나 형상이 없거나 이 세상에 존재하는 모든 것은 연기(緣起)로 존재한다. 연기로써 존재하기 때문에 실체가 없는 무아인 것이다. 도대체 이 세상 어디에도 ‘나’ 라고 주장할 만한 실체는 없기 때문이다.”

그래서 「반야심경」에서는 오온개공(五蘊皆空)이라 했다. 곧 ‘나’를 포함한 모든 것이 공(空)이라는 가르침이다. 공이라는 것은 나가 없다. 즉 무아임을 말한다. 우리의 망상은 마치 구름과 같다. 구름이 걷히면 찬란한 지혜의 해가 나타난다.

실로 ‘내가 없다.’는 사실을 알면 그 자체가 바로 구름이 없어지는 것이며, 동시에 자기의 주인은 마음이라는 사실을 알게 된다. ‘나’가 있기 때문에 싫고 좋은 감정이 나타나는 것이다. 모든 사람은 그 자신 속에 에고(자만심)가 없는 ‘평화로운 영혼’을 원래 간직하고 있는 것이다. 번뇌 망상을 버리면 ‘내가 누군데’ 하는 에고의 삶에서 벗어날 수 있다.

우리가 남의 말 한 마디에 쉽게 상처를 받는 것도 ‘내가 있다(유아=有我)’고 생각하기 때문이다. 나와 다른 사람을 비교하는 가운데 우월감과 열등감에 빠져들기를 반복하면서 스스로 상처를 만드는 것이다. 상처는 남이 주는 것이 아니다. 우리의 육감인 안이비설신의(眼·耳·鼻·舌·身·意)로 끊임없이 자기를 구박하면서 살고 있기 때문에 마음의 상처가 생기는 것이다. 사실 모든 학대는 자기 스스로가 만들어낸 것이지 남이 괴롭히는 것이 아니다.

연기이기 때문에 무아다

우리가 본래 부처요, 공이며, 무아(無我)인 까닭은 연기(緣起)로 존재하기 때문이다. 연기라는 말의 뜻은 이 세상 모든 것은 서로 관계를 맺고 있으며, 단일로 이루어진 것이 없다는 것이다. 공기와 물이 있기 때문에 나의 육체가 존재하는 것이다. 다른 사람이 농사를 짓고 고기를 잡으며 목축을 하기 때문에 나의 육체는 그 덕택으로 유지되어 가는 것이다.

우리는 지금까지 형상에만 집착한 까닭에 그 근본을 모르고 살아왔다. 형상을 만든 근본을 볼 수 있어야 한다. 가마니와 망태기라는 형상의 본래 모습은 짚이다. 그러니까 나타난 형상과 근본은 둘이 아니라 하나라는 점을 알아야 한다.

그와 마찬가지로 ‘나’만 본래 부처인 것이 아니라 모든 사람이 본래 부처인 것이다. 많은 사람들은 ‘나가 있다(유아=有我)’, ‘나만의 고유한 실체가 있다.’고 생각하며 살아간다. 그러나 그 ‘나’는 자기중심적이요, 이기적인 ‘나’일 뿐이다. 그 이기적인 ‘나’를 내세우기 위해 참으로 고된 하루하루를 살아가고 있다는 사실을 잊어버린다. 이기적인 ‘나’는 마구니다. 그것이 마구니의 종노릇을 하는 것이다.

‘나’를 고집해야 내가 잘살 수 있고 행복할 수 있다고 생각한다. 바로 그것이 중생들의 착각이요 중생들의 삶의 방식이다. 자

기 중심적이고 이기적인 '나'를 생존의 의미로 살아간다. 그 '나'
에서 벗어나는 것이 깨달음으로 가는 첩경이다. 여기서 소개하는
수련 방법은 내가 무아임을 깨닫게 하는 수련법이다.

　우리는 과연 '나'라고 주장할 만한 실체가 있는지 곰곰이 살펴
보아야 한다. 불교 신자들이 즐겨 독송하는 '반야심경'의 첫 구절
이 조견오온개공 도일체고액(照見五蘊皆空, 度一切苦厄)이다. 그
뜻은 오온이 다 공하였음을 비추어 봄으로써 일체의 고난과 액난
으로부터 벗어났다는 것이다.

　여기서 오온은 색수상행식(色受想行識)을 일컫는다. 색은 육체
를 가리키며, 수상행식은 정신이다. 육체와 정신으로 이루어진
'나'가 곧 공(空)이라는 의미다. '나'가 공하기 때문에 실체가 없
다는 것을 깨닫고 나니까 일체의 고통으로부터 벗어날 수 있었다
는 것이다.

　오온개공은 태어나 성장해서 병들어 죽는 그 자체가 '공'이라
고 주장하거나, 인생이 덧없이 변하기 때문에 '공'하다고 주장하
는 그런 뜻이 아니다. 태어나는 상태, 성장하는 과정, 늙음과 병드
는 과정 그 자체가 공이요, 죽음 또한 공인 것이다.

　인생의 매 순간 순간이 그대로 공인 것이다. 다시 말하면 삶의
매 순간 그대로가 오온개공의 상태요, 나의 실체가 없는 무아인
것이다. 실체가 없으니 공이요, 무아인 것이다.

　그렇다면 왜 내가 공인가. 그것은 연기(緣起)이기 때문이다. 앞

에서도 언급했듯이 '형상이 있거나 없거나, 모든 것은 연기로써 존재하고 있다.' 눈에 보이는 삼라만상은 형상이 있는 것이다. 정신 작용과 허공 등은 형상이 없는 것이다.

불교에서 이야기하는 '연기의 법칙' 이란 "이 세상 어떤 것도 하나로 독립된 것은 없다."는 것을 말한다. 눈에 보이는 것이나 보이지 않는 것이나 홀로 존재하는 고유한 실상(實相)은 없는 것이다. 집을 한 채 지으려면 수백 수천 가지의 재료가 들어간다. 우리 몸도 마찬가지다.

형상은 원인이 있기 때문이다

결론적으로 말하면 이 세상에는 단일 물체는 없으며 모두가 인연이 화합되어 이루어진 것이다. 모든 존재는 수많은 구성요소의 집합체다. 원인이 있기 때문에 결과인 형상이 있는 것이다. 집합체의 구성요소 중 어느 하나가 없어지면 그 존재는 소멸해버리고 만다. 이처럼 모든 것이 연기로 존재하기 때문에 공이요, 무아일 수밖에 없는 것이다.

물리학에서도 연기원리를 뒷받침하고 있다. 물질의 최소 입자인 원자도 양자 전자 중성자로 구성되어 있음이 드러났다. 여기에 더하여 머리카락 굵기의 1조분의 1의 크기를 발견해 '쿼크' 라고 이름 붙이고는 '이보다 더 작은 최소물질은 없겠지.' 하고 과학계에서는 생각했다. 그러나 이것도 2, 3가지 물질이 합성되어 있음을 알게 됐다. 과학계에서도 이 세상에는 결코 고유한 실체란 없다는 결론에 도달하게 된 것이다.

그러므로 나를 포함한 모든 존재는 잠깐 동안 모인 것일뿐, '나'는 본래 없는 것이다. 나의 실체가 있다고 착각하면서 사는 까닭은 이기적인 '나'에 대한 집착 때문이다. 그 집착이 '나'에게 얽매이게 하는 것이다.

모든 것은 인연이 모여 생겨나고 인연이 흩어지면 사라진다는 이 간단한 연기의 법칙은 부처가 최초로 발견한 위대한 업적이 아닐 수 없다.

"모든 존재는 연기로 이루어져 있다. 연기를 보는 사람은 법을 보고, 법을 보는 사람은 여래(如來)를 본다." 이를 공식으로 만들면, '존재=연기=법=여래=존재'가 되는 것이다.

여기서 우리는 제법무아(諸法無我)임을 알게 됐다. 무아란 무엇인가. 그것은 이기심으로 움직이는 '나'의 실체가 본래 없다는 뜻이다. 마음공부가 깊어지면 주관과 객관이 사라지는 자리에 들어가게 된다. 주·객관이 사라진 그런 상태가 무아인 것이다.

"진정으로 내가 꽃을 본다는 것은 내가 그 꽃이 되어 그 꽃과 하나가 되는 것이며, 꽃과 같이 비를 맞고 햇빛을 받는 것이다. 이렇게 되면 나는 꽃이 되고 꽃은 내가 되는 것이며, 나는 꽃의 모든 신비와 기쁨을 경험하게 되는 것이다." 꽃과 내가 완벽하게 하나가 되면 주·객관이 사라지게 되는 것이다.

본래 마음에는 내가 있다는 생각조차 없다. 아직 말을 할 줄 모르는 어린 아이에게 깍꿍! 각궁(覺窮)! 하고 부모가 소리를 내면 무아의 상태에서 깔깔대고 웃는다. 그런 순진무구한 어린아이의 마음 상태가 본래 마음이다. 세파에 물들지 않은 마음이다.

무아의 즐거움, 그것은 세속적인 즐거움과는 비교할 수 없는 황홀함 그 자체이다. 영화, TV, 스키, 골프, 섹스와 같은 세속적인 쾌락은 그 순간이 지나버리면 공허만이 남는다. 그러나 무아의 경지를 깨닫게 되면 그 즐거움은 영원히 계속된다. 행복이란 바로 무아지경을 말한다. 나를 비우고 또 비워라. 그러면 무아를 체험하게 되리라.

육신 속의 부처가 영생한다

우리는 무엇으로 사는가. 의식으로 사는가. 우리는 흔히 의식이 있기 때문에 살아가는 것으로 생각하기 쉽다. 그러나 그것은 사실과 다르다. 인간은 유체, 즉 마음으로 산다. 의식은 동식물에게도 다 있다. 식물에게도 의식은 있다.

식물에게 마음이 있고, 영혼도 있다는 사실은 식물을 직접 정성껏 키워본 사람이면 알 수 있는 것이다. 식물들에게도 감혼(感魂)의 능력이 있기 때문에 뿌리가 거름과 물이 있는 곳을 찾아가는 것이다.

식물이 느끼는 감혼은 식물의 기본권이라고 할 수 있다. 인간이 기본권을 침해당하면 기분 나빠하는 것과 마찬가지로 식물도 인간에 의해 수로를 차단당하고, 영양 공급이 제대로 안될 때는 몸살을 앓게 되는 것이다. 농부가 좋은 작물을 키우려면 농작물의 기본권을 잘 살려주어야 한다.

그와 마찬가지로 사람들이 기르는 돼지, 닭, 소들에게도 영혼이 있을뿐만 아니라 그들이 누려야 할 기본권이 있다는 것을 알아야 한다.

그러나 동식물의 마음과 인간의 마음은 차원이 다를 뿐이다.

인간의 마음은 세상을 움직인다. 동식물을 움직이고 물질을 움직인다. 그리고 또한 사람을 움직이게 한다. 우주 또한 그렇게 한다. 그래서 인간의 마음은 우주 그 자체라 할 수 있다.

이 세상에 집착이 많은 사람은 다시 태어난다. 우리가 깨치게 되면 조상들이 먼저 알고 축복과 환희에 젖는다. 후손이 깨치면 조상들도 그 깨친 후손과 함께 영이 영원히 머무는 영광스런 곳으로 갈 수 있다고 알기 때문이다. 조상들은 자손들이 '나를 위해 무엇을 하는가.'를 하늘에서 지켜본다. 그래서 우리는 조상을 위해 제사를 지내는 것이다.

그러면 그대 가운데 무엇이 영생한다고 생각하는가. 그대 육신인가. 아니다. 그대 육신 속에 담겨진 부처가 영생한다. 육신 속의 유체가 곧 부처다. 그대 속에 있는 부처를 믿어라. 나 속으로 여행하라. 그 내면의 세계에서 부처를 찾아라. 부처와 하느님은 그대 속에 있다.

사람이 최고의 신이다

산신(山神)은 산신일 뿐이다. 산신은 사람이 죽어서 그 산을 관장하는 신이다. 그래서 산마다 산신이 따로 있는 것이다. 히말라야에도 산신이 있다. 히말라야 최고봉들을 정복하고 꼭대기를 밟으면 그 신은 산 아래에 있다. 바닷가 사람들은 용왕에게 빌기도 한다. 배를 타고 바다 여행을 해 보라. 용왕은 내 발 아래 배 밑의 바다에 있다.

그래서 세상 어떤 신보다도 사람이 최고의 신이다. 왜 사람 신이 가장 높은가. 정신이 있기 때문이다. 정(精)은 가릴 정으로, 신의 높낮이를 가릴 줄 안다는 뜻이다.

신도 고급 신이 있고 저급 신이 있다. 목신, 토신, 산신, 용왕신 등은 저급 신이다. 고급 신은 인류의 첫 조상, 성씨의 첫 조상, 각 나라의 첫 조상, 세계 4대 성인 등이다.

인간으로 태어나 마음공부를 통해 하느님이 된다면 더 이상 귀신 장난에 놀아날 이유가 없지 않은가. 마음수련자는 이 점을 깊이 명심해야 할 것이다. 세상 사람들은 흔히 무엇에 빙의되어 어떤 초능력을 발휘하는 사람을 보고 무슨 도인이니, 깨친 사람이니 하면서 우러러 보는 경향이 있다. 빙의된 사람에게 속아 넘어가는 일이 없도록 조심할 일이다.

빙의와 영매

빙의는 파리와 같아서 냄새나는 데로 따라간다. 내가 화가 나고 미운 마음이 생기는 것은 냄새를 풍기는 것과 같다. 그때 빙의된다. 평소에 불평과 불만이 많은 사람이 빙의된다. 산에서 공부한 사람 가운데는 산짐승에 빙의되기도 한다. 인간이 산신에게 자꾸 빌다 보면 그 사람 몸에 산신이 실려버리기도 한다. 그래서 산 기도를 많이 한 사람이 산신에 빙의되는 경우가 많은 것이다.

짐승을 믿는 사람은 산군이라 지칭되는 호랑이를 산신으로 생각하는 사람도 있다. 그러나 호랑이를 부리는 것이 산신이다. 산신도 백년마다 세대교체를 한다. 산신의 영체가 세월이 흐르면서 점차 작아지기 때문이다.

도력이 높은 사람이 산에 들어가면 산신들이 길을 안내해 주기도 한다. 그러니까 산신은 사람이 마음대로 부릴 수 있는 신이다. 그러나 우매한 사람들은 산속 깊숙이 들어가 산신에게 도와 달라며 손을 비비기도 한다.

일본에는 10만 개가 넘는 종교가 있다. 심지어는 뱀이나 원숭이, 여우를 신으로 믿는 사람도 있다. 그런 사람은 뱀처럼 몸을 뒤틀거나 원숭이 흉내를 내고 여우처럼 달밤에 하늘을 향해 울부짖는 행동을 자주 보이곤 한다. 자기가 믿는 동물영에 빙의됐기 때문이다.

혼자 방안에서 끙끙 앓고 있을 때도 집안의 잡신에 빙의된다. 대체로 건강이 좋지 않고 마음이 불안한 사람에게는 악령이 접근해 온다. 그리고 중요한 것은 죽은 사람을 지나치게 생각하면 그 죽은 사람의 영에 빙의되기 쉽다.

그렇게 되면 죽은 사람이 평소 마음속에 품고 있던 원한이나 어떤 복수심 같은 것이 빙의된 사람의 언행으로 나타나기도 한다. 그 죽은 사람이 어떤 병에 걸려 있었다면 그 병을 앓게 된다.

일반적으로 심신이 허약한 사람은 영매(靈媒) 체질이라 할 수 있다. 영매 체질이란 쉽게 귀신에 덧씌우거나 빙의에 잘 걸리는 체질이다. 정도의 차이는 있지만 사람은 누구나 영매 체질을 갖고 있다. 달리 말하면 누구든지 영적 교신기가 될 수 있는 것이다. 보통 사람보다도 영매 능력을 훨씬 더 많이 가진 사람을 영매 능력자라고 한다.

영매 체질도 고급 영매 체질과 저급 영매 체질 또는 악령 체질을 가진 사람 등 각각 다를 수 있다. 90% 이상의 사람들은 저급 이하의 영매 체질을 갖고 있다. 영매 능력자라고 해서 고급 영들과 교신하는 것은 아니다. 그들도 나쁜 영들의 말을 받아 다른 사람들에게 전달함으로써 엉뚱한 피해를 주기도 한다.

빙의에 걸리지 않기 위해서는 아함카라를 다 버려야 한다. 빈 집에 도둑이 들지 않듯이, 아함카라를 다 털어내면 빙의가 붙어 있을 수 없게 된다. 빙의는 스스로 마음을 완전히 비워서 떼내야 한다.

상념체란 살아 생전의 모든 기억과 경험의 총합이다. 유체도 인간의 상념체로 꽉 차 있다. 생전에 못된 짓 하고 뉘우치지도 않은 채 돌아가게 되면 집착의 상념체가 남아 있게 된다. 죽은 뒤 자기 식구들 주변을 맴돌며 떠나지 못하는 까닭은 살았을 때의 상념을 벗지 못했기 때문이다.

영혼이 하늘나라로 떠나지 못하고 집착의 여파로 가족에게 붙게 되면 그가 평상시에 앓았던 병을 가족에게 옮기게 된다. 암으로 죽은 사람은 암을 가족에게 옮기기도 한다.

따라서 육신을 가지고 있을 때 수련을 통해 이 세상에 대한 집착을 모두 털어버려야 한다. 조그마한 집착이라도 마음속에 남기지 말고, 지구점에 던져 버려라.

그리고 빙의에 걸렸다고 느껴지면 철저히 무시해야 한다. 영이 뭐라고 속삭이든 어떤 행동을 하든 아예 상대를 하지 말아야 한다. 그것을 여러 차례 반복하다 보면 영도 서서히 물러나게 된다.

영은 자신의 말에 귀를 기울이지 않는 사람에게는 더 이상 다가오지 않는다.

그리고 심신을 단련해야 한다. 건강한 육체에 건강한 정신이 깃든다는 말은 진리다. 육체적으로 정신적으로 건강할 때는 고급 영이 감응한다. 인간이 최고의 신이 될 수 있는 것은 육체적 정신적 건강이 정상적일 때 가능한 일이다.

과학의 나라로 자부하는 영국에는 영매학교가 있다. 심령 현상이 분명히 존재한다고 보고 수강자들을 심령 능력자인 영매자로 만든다. 이 세상에는 실제로 수많은 영들이 사람들 주변을 맴돌며 떠돌아다닌다. 그런 영들에 홀리지 않게 하는 것은 자기 자신 뿐이다.

깨침이란 무엇인가

깨침이란 무엇인가. 사실 상당한 깨침의 경지에 도달한 사람도 과연 무엇을 깨침이라고 하는지를 잘 모를 때가 있다. 나는 과연 깨쳤는가. 깨침은 일반적으로 스승으로부터 인가 받는 것이 원칙이다. 그러나 스승이 아니더라도 스스로 깨침의 경지가 어떤 것인가를 알 수 있는 방법이 있다.

깨침의 대상은 두두물물(頭頭物物) 모두가 해당된다. 우주 만물이 나의 깨침의 대상이다. 우리는 선지식(善知識)에게서도 많은 것을 터득할 수 있다. 선지식이란 꼭 지식이 많은 사람만을 의미

하지는 않는다.

지구상에 살아가는 모든 사람이 선지식이다. 길을 걸어가는 자연인에서부터 권력과 부, 지식을 가진 사람 뿐 아니라 시장상인, 평범한 월급생활자 모두가 나의 스승이다.

'나만이 최고다. 나만이 깨쳤다.'고 하는 생각은 아만심에 꽉 찬 사람이다. 사람은 누구나 나이가 들어가면서 우주와 자연이 모두 나와 하나라는 사실을 자신도 모르게 깨쳐 나간다. 다만 자신이 그것을 깨침인 줄 모를 뿐이다.

깨침의 대상인 자연 속의 두두물물은 인간을 비롯한 모든 생물체를 살려 주는 원동력이다. 빛과 물, 그리고 땅은 생물에게 먹을 음식을 길러 주고, 공기는 동식물에게 숨을 쉬게 해준다.

다음에 제시하는 열 가지에 대해 스스로 완벽하게 '그렇다'고 답변할 수 있다면 정말 깨침의 경지에 들어갔음을 스스로 인정해도 좋다.

1, 나는 언제 어디서나 다른 사람의 일리(一理)를 무시하지 않고 인정할 수 있는가.

2, 어떤 경우에도 나의 자존심을 건드려도 화를 내지 않을 수 있는가.

3, 내 앞에 길을 가다 금덩어리나 다이아몬드가 떨어져도 그것을 내 소유로 하지 않을 자신이 있는가.

4, 나를 괴롭히고 나에게 못된 짓을 한 사람을 무조건 용서할 수 있는가.

5, 나는 남을 위해서 사는가, 나를 위해서 사는가. 둘 다인가.

6, 나는 내 육신에 집착해서 사는가, 영혼을 위해 사는가.

7, 나는 남의 말을 무조건 믿는가, 믿지 않는가.

8, 미래 세계가 있다고 보는가, 없다고 보는가.

9, 나는 과연 내 주위의 모든 것을 사랑하는가, 먼 곳의 그 무엇을 사랑하는가. 마누라보다 더 어여쁜 다른 여자를 더 동경하지는 않는가.

10, 내가 우주, 즉 신과 하나라고 느껴지는가, 그렇지 않은가.

'아함카라' 란 무엇인가

우리는 흔히 우리가 살아온 경험의 세계를 가지고 '나' 라고 말한다. 이것을 심리학에서는 '자아' 라고 한다. 인도에서는 자기관념이라는 뜻의 아함카라(ahamkara)라고 한다. 이 기억의 총체인 '나' 와 나의 행위를 합쳐 카르마(karma)라고 한다. 인간은 어려서부터 기억의 알맹이가 뇌리에 쌓이게 된다. 그 기억 알맹이의 총체가 현재 나의 모습이다. 기억의 알맹이가 곧 자기관념이요, 자아인 것이다.

기억 알맹이는 무의식계에 저장된다. 무의식은 우리 몸을 콘트롤하기도 한다. 어떤 욕구에 잡히거나 병마에 대한 두려움이 무의식계에 저장되면 그 욕구에 빠지거나 병에 시달리게 되는 것이다. 따라서 무의식 속에 심어진 모든 기억들을 하나하나씩 빼내어 버려야 한다.

아함카라는 크게 여섯 가지가 있다. 첫째 자기 고집, 둘째 자기 버릇, 셋째 일생 동안 배운 지식, 넷째 재물(돈), 다섯째 권력, 여섯째 자존심이다. 이런 것들에 대한 집착을 버릴 때 비로소 깨달음의 길로 들어설 수 있게 된다.

아함카라에 의해 삶을 계속해 나가는 것이 윤회이기도 하다. 우리의 육체가 없어지더라도 몸에 실려 있는 유체 속에는 모든 삶의 기억들이 입력되어 있다. 그 때문에 기억의 알맹이들은 사후에도 상당 기간 계속해서 작용을 하게 된다. 그것이 윤회의 삶인 것이다.

윤회란 아상의 망념으로 살아가는 육신의 삶을 말한다. 사후에도 망념의 영혼이 정처없이 떠돌아다니는 것이 환(幻)이요, 귀신이다.

따라서 우리 육체가 생존해 있을 때 그 삶의 정신적인 알맹이와 욕망들, 깊은 상처 등과 같은 모든 기억 덩어리들을 수련으로 모두 털어내 버려야만 한다.

천국과 지옥이라는 것도 생명이 살아 있는 동안 생명계에서 받게 되는 공덕과 업보를 말하는 것이지 죽은 후에 영계에서 일어나는 일은 아닌 것이다.

우주가 본래 '나'다

인간의 본래 마음은 우주 마음이다. 우주 마음, 즉 우주심으로 돌아가면 현실 세계가 곧 천국이요, 하루하루가 안식일이다. 우주와 하나되면 내가 누구인가를 알게 된다. 사실 우리는 우주의 일부이면서도 우주 그 자체이기도 하다. 그렇지만 우리가 우주 그 자체임을 미처 깨닫지만 못할뿐이다.

아상과 집착, 나의 고정관념에 사로잡혀 있다 보면 결코 하늘 문은 열리지 않는다. 그 고정관념의 틀을 깨뜨려야 한다. 기러기, 제비, 참새, 솔개가 되어 창공을 훨훨 날아가기 위해서는 알을 깨고 나와야 한다. 알 속에 계속 갇혀 있다면 오래지 않아 썩어버리고 만다.

우리 몸속에 평생 동안 저장된 아함카라를 모두 털어버리고, 나 없음을 진정으로 깨달을 때 비로소 나와 우주가 하나 된다. 본래의 '나'는 우주임을 깨쳐야 한다. 깨치고 나면 '나' 아닌 게 없음을 알게 된다.

가수 최희준은 '하숙생'이란 노래를 통해 "인생은 나그네 길, 어디서 왔다가 어디로 가는가."고 묻고 있다. 이 노래를 부르는 많은 사람들도 자신 정체에 대한 궁금한 심정을 그렇게 묻는다. 하지만 해답을 구할 수 없어 늘 안타까운 마음으로 한평생을 허송하고 만다.

한 마디로 인간은 '우주인 자기 속에서 왔다가, 자기 속에서 살다가, 자기의 본체인 우주로 되돌아가는 것.' 이다.

하느님은 우리 내면에서 활동한다

인간은 누구나 우주적인 마음이라 할 수 있는 보편적인 실재, 즉 신과 하나이다. 인간의 육체라는 것은 낱 세포의 집단에 불과하다. 낱 세포는 육체를 이루는 가장 작은 단위이다. 세포는 성장과 분열을 계속 반복하는 과정을 통해서 인간의 생명을 유지시켜 준다.

각 세포는 자기 자리에서 고유한 기능을 갖고 있다. 그리고 낱 세포는 근원적으로 각각의 특질을 갖고 있다. 만물의 생명력은 세포를 통해 세대에서 세대로 이어진다. 세대로 이어진 낱 세포는 처음의 특질을 그대로 간직하고 있다.

낱 세포는 새로운 생명을 낳는 영원한 생명력을 간직하고 있다. 세포집단은 하나의 낱 세포가 성장과 분열을 반복한 결과로 생겨난 것이다. 그래서 세포집단인 육체 속에는 처음 낱 세포 속에 들어 있던 생명의 잠재적인 불꽃, 즉 영원한 젊음이 간직되어 있다.

옛 스승들은 영감을 통해 식물과 동물의 생명 반응이 근원적으로 같다는 진리를 알고 있었다. 과학적인 실험 결과에서도 "좋다, 나쁘다, 위험하다." 등등에 대한 동식물의 반응이 비슷하다는 사실이 밝혀졌다.

190

노쇠라는 것은 무엇인가. 마음과 육체가 평안치 못한 상태를 말한다. 식물들도 주변 환경이 오염되고 시끄러워 기본권이 침해 당하면 시들어버린다. 질병(disease)은 평안에서 분리(dis~ease)된 상태다. 즉 질병은 마음을 통해 육체에 반영된 산티(santi=영혼의 평안)의 결여를 가리키는 말이다.

그래서 영혼의 스승들은 모든 질병의 근원을 영혼의 문제라고 지적한다. 영혼이 외부 요인에 의해 상처를 입을 때 질병이 생긴다는 것이다.

싯다(siddha=큰 깨달음을 얻은 자)는 말한다.

"정상 상태의 육체는 전염병이나 역병, 감기와 같은 질병을 이겨낼 수 있는 자연 치유력과 생명력을 가지고 있다." 따라서 싯다가 되면 세균이 우글거리는 음료수를 마시고도 아무 이상이 없을 수 있다.

또한 늙음이라는 개념은 두려운 생각, 고통스러운 생각, 슬픈 생각과 같은 것이 늙음이라는 추한 환상을 창조해낸 것이다. 나이를 먹는다고 해서 늙은 것이 아니다. 늙음이란 그 안에 젊음이라는 진주를 품고 있는 조개껍질에 불과하다. 언제나 어린아이와 같은 마음을 갖도록 훈련하면 늙음이라는 개념 따위는 갖지 않게 된다.

우리는 항상 자기 내면의 신성한 어린이의 상(像)을 그려보는 습관을 들여야 한다. 하느님은 항상 우리 내면에서 어린이처럼 청정하게 활동한다.

하나님과 하나 되는 권능은 하나밖에 없다. 외면에서는 하나님의 권능과 하나 되는 길은 찾을 수 없다. 왜냐하면 하느님은 우리들 내면에서 활동하기 때문이다.

외면서 내면의 침묵으로 돌이켜야만, 하느님과 의식적으로 하나가 될 수 있고, 하느님의 권능이 우리에게 주어지며, 따라서 우리는 언제라도 그 권능을 사용할 수 있게 된다.

교만한 자는 결코 깨칠 수 없다. 겸손한 자만이 진리를 얻을 수 있다. 하느님은 의미 없이 말하는 기도를 결코 듣지 않는다. 먹고 숨쉬고 움직이고 생각하는 모든 것은 화기인 하느님의 권능으로 이루어진다. 그러므로 우리는 늘 하늘에 감사하는 마음으로 살아야 한다.

매일 나를 칭찬하라

잠들기 전에는 이렇게 주문한다.

"나는 지금 내 속에 아름답고, 젊은 영적인 몸이 깃들어 있음을 알고 있다. 신성한 어린이의 몸인 나의 아름다운 영적인 몸은 마음, 눈, 코, 귀, 입, 피부가 모두 완전하다." 이런 긍정을 스스로에게 계속 말하고, 이런 명상이 지속되도록 수련을 해 나가야 한다.

아침에 일어나서는 "사랑하는 그대여, 네 안에 신적인 연금술사가 계시다."라고 말해 준다.

긍정적인 생각의 힘은 우리의 삶에 좋은 변화를 가져다 준다. 그것은 또한 우리 내면의 세계를 열어 준다. 그리하여 하느님의 영이 영적인 성전(聖殿)인 우리 몸속으로 스며들게 될 것이다. 그러면 내면에 깃들인 연금술사는 낡고 피폐한 세포를 치워버리고 건강하고 아름다운 새 세포를 탄생시키게 된다. 곧 영원한 젊음의 세포가 태어날 것이다.

우리는 생활 가운데서 늘 어린아이같이 사랑스러운 모습으로 미소짓는 법을 배워야 한다. 영적으로 평안함의 표시인 마음에서 비롯되는 참된 미소는 '불멸하는 내면의 주재자' 의 예술작품으로서 진실로 아름다운 것이다.

"나는 온 세상을 위하여 친절한 생각을 품고, 세상 만물이 행복하기를 원합니다."라는 긍정의 마음을 가지는 게 좋다.

하루 일과 전에도 스스로에게 말한다.

"내 안에 완전한 신성이 자리잡고 있다. 나는 매일 나의 아름다운 신성이 현실로 나타날 때까지 그것을 마음속에 그린다. 나는 신성한 어린이이고, 나에게 필요한 것은 지금 채워지고 있으며, 앞으로도 영원히 부족함없이 채워질 것이다."

매일 아침 눈을 뜨면서부터 시작하여 24시간 나를 칭찬하는 습관을 들여야 한다. 행복한 사람이 되기 위해서는 습관적으로 이런 말을 사용해야 한다.

'나는 행복하다.' '나를 사랑한다.' '나는 즐겁다.' '나는 신난다. 건강하다. 힘이 난다.' 그렇게 하면 내 속의 신성이 살아난다.

신은 모든 것이며, 신은 만물을 통해 자기 자신을 나타낸다는 사실을 잠시도 잊지 말아야 한다.

성서는 말한다. "침묵 속에서 자신의 신 됨을 알라."

침묵은 권능이다. 침묵 속에 깊이 침잠할 때 하느님의 자리, 즉 신의 자리에 도달하게 된다. 사람들이 왜 명상을 하는가. 고요하게 있으면 자신의 진짜 모습이 비치기 때문이다.

조용히 묵상하고 기도하는 사람은 대부분 양심적인 사람이다. 고요 속에서 무의식 속에 깊숙이 가라앉아 있는 쓰레기를 건져내게 된다. 명상은 자기 내부 의식을 깊숙이 들여다볼 수 있는 가장 좋은 방법이기도 하다.

흐트러진 힘은 소음이고, 집중된 힘은 침묵이다. 우리는 집중을 통해서 모든 힘을 한 곳에 모을 수 있다. 우리는 침묵 속에서 하느님과 하나 되고, 결과적으로 그의 모든 권능과도 하나가 된다. 이것이 신이 인간에게 주는 선물이다.

말씀은 마음을 정화시킨다

말은 씨가 되고, 생각은 운명이 된다는 말이 있다. 무심코 던진 농담이 현실로 나타나는 경우가 적지 않다. 말이 씨가 되는 것이다. 말을 뱉을 때는 자중하지 않으면 안 된다. 혀로서 하는 말은 자칫 거짓이 섞이기 쉽다. 헛말과 빈말은 육신 가운데 작은 몸으로 내는 소리다.

정말과 참말은 마음속의 큰 몸으로 내는 소리다. 혀로 하는 말보다는 마음으로 하는 말이라야 믿음이 간다. 말은 마음의 알맹이다. 마음의 알맹이를 쓰는 것을 '말씀' 이라고 한다. 수행자 가운데는 스승의 말씀 한 마디로 깨친 사람이 많다.

말장난과 말씀은 천양지간이다. 아무리 좋은 말을 하더라도 마음씀이 바르지 못하면 말장난이 되고 만다. 말에 향기가 배어 있어야 말씀이 된다. 말재주가 좋다고 해서 말씀이 되는 게 아니다.

말씀은 비록 짧은 것이라도 듣는 이의 가슴 속을 파고든다. 성인들의 사상을 말씀이라고 하는 까닭은 하늘마음의 알맹이가 그 속에 들어 있기 때문에 말씀인 것이다.

비록 말장난으로 시작했더라도 진정한 스승과 대화하면 모든 말장난이 말씀으로 바뀌게 된다. 말씀은 우리의 의식을 밝게 하고 마음을 정화시켜 준다. 스스로 자기 자신이 어떤 사람인지를 알고 싶다면 날마다 습관적으로 어떤 말을 쓰고 있는지를 한번 종이에 적어 보라.

긍정적이고 희망적인 말을 쓰고 있다면 그대의 앞길은 밝다고 보면 된다. 부정적이고 절망적인 말을 많이 쓴다면 그 앞길도 어둡다고 볼 수 있다. 말에는 암시성이 있다. 말을 함부로 내뱉으면 암시한 대로 일이 벌어진다. 생각도 마찬가지다. '생각은 운명이다.' 라는 말은 그래서 생긴 것이다.

어떤 일이든지 늘 원하고 골똘히 생각하는 그대로 운명이 결정되어 현실로 나타난다. 이런 현상은 일상생활 속에서 누구나 자주 경험하는 일이다. 긍정적인 사고는 긍정적인 운명을 가져다주고, 부정적인 사고는 부정적인 운명을 가져다준다.

생각은 곧 말로 연결된다. 그러므로 말이 튀어나오기 전에 한 번 더 생각하는 습관을 가져야 한다. 항상 긍정적으로 생각하고 긍정적인 말을 사용하라. 그러면 진리인 하늘이 도와 줄 것이다. 긍정적인 말과 사고는 강한 힘을 준다.

말에는 창조력이 들어 있다. 어느 누구와 대화하든지 정성을 다하는 말, 우호적인 말을 사용하라. 우주 신은 늘 우리가 하는 말을 듣고 있다. 따라서 마음속으로 하는 혼잣말에도 주의하라. 신은 말 속에도 존재한다.

만물은 양부모님이다

인간은 사회적 동물이 아니라 우주적 존재다. 우주로부터 동떨어져서는 잠시도 존재할 수 없다. 저 하늘에 떠있는 구름은 우리와 하나다. 구름은 물이 되고 우리는 그 물을 마신다. 그러므로 내 몸 속에는 항상 구름이 흐른다.

지금 이 순간의 나는 구름이요, 강물이며, 공기덩어리요, 태양빛을 받고 사는 빛이기도 하다. 나는 태양, 공기, 물이 없으면 생명을 이어갈 수 없다. 논밭에 자라는 온갖 곡식과 동물, 물고기는 나의 생명이요, 나를 길러주는 양부모(養父母)이다. 그리고 저 산의 바위와 흙이 없다면 내 몸을 어떻게 부지할 수 있겠는가.

모습을 나타내어 존재하는 모든 것은 내 생명의 뿌리요, 저 풀한 포기와 꽃들, 벌과 나비에 이르기까지 내 생명과 무관한 것이 어디 있는가. 그러니까 천지는 나와 한 뿌리요, 만물은 나와 하나인 것이다. 우주 만물이 나를 만들고 성장시키는 데 도움을 주었다. 그러므로 나는 한순간도 다른 것으로부터 분리될 수 없는 것이다.

자연의 모든 존재는 우주의 순환 사슬에 연결돼 있다. 인간은 그 사슬에 연결된 하나의 고리에 지나지 않는 존재인 것이다. 그러니까 나는 우주적인 생명 에너지와 일체이며, 그 에너지는 내 속에서 잠시도 쉬지 않고 흐르고 있는 것이다.

수백억 광년 떨어져 있는 은하계도 우리 은하계와 연결돼 있다. 모든 것은 오직 하나로 존재하는 화기(和氣) 속에 다 들어 있는 것이다. 화기는 시작도 끝도 없다. 천부경에서 이야기하는 '하나는 시작이되 시작이 없는 하나요, 그 하나는 끝이되 끝이 없는 하나.'인 것이다. 화기는 곧 시작과 끝이 제거된 세계를 말한다. 우주를 떠받치고 있는 공기와 진공, 즉 화기가 어찌 시작과 끝이 있겠는가.

나 또한 시작도, 끝도 없는 화기의 일부로 과거도, 현재도, 미래에도 영원히 존재하는 것이다. 저 멀리 은하계가 없으면 만물 만상은 말할 것도 없고, 나 또한 존재할 수 없는 것이다. 우주에 존재하는 모든 것은 우리 몸의 세포이며, 인간 개개인의 마음가짐은 우주에게 영향을 준다. 마음을 어찌 함부로 가질 것인가.

우주초염력과 우주파워

우리는 우주초염력(cesp=cosmic extra sensory perception)으로 병자를 치료해 주거나, 소원을 이루도록 도와줄 수 있다.

우주초염력이란 쉽게 말해 대우주에서 오는 대우주의 힘, 즉 우주파워(power) 또는 우주 에너지다.

그렇다면 우주는 무엇이고, 대우주는 무엇이며, 우주초염력은 무엇인가. 밤하늘에는 셀 수 없이 많은 별들이 반짝거리고 있다.

그런데 우리가 보는 그 별 중에는 지금은 실제로 존재하지 않는 별이 있다. 별은 우리와는 몇광 년(빛이 1년 동안 간 거리. 빛은 1초에 30만 km 속도로 달린다.)에서 몇억 년 떨어진 멀고도 먼 곳에 있는 것도 있다. 그래서 별에서 방사한 빛이 우리 눈에 들어올 때까지 그 별은 이미 없어진 것들도 많다.

이처럼 우주는 인간에게 미지의 세계로 남아 있다. 아무리 과학이 발달하더라도 생명의 탄생 기원과 우주 공간에 대한 실체를 밝히기에는 역부족일 것이다. 우주는 너무나 넓고 넓어 인간이 침범하기는 불가능한 신성불가침한 영역으로 영원히 남아 있을 것이다.

한자 우주(宇宙)라는 말은 중국 한(漢) 나라의 회남자(淮南子)가 처음 사용했다. 우주의 우(宇)는 공간이라는 뜻이다. 우주의 주(宙)는 시간이란 뜻이다. 다시 말하면 우는 한없이 넓은 공간적인 넓이를 뜻하고, 주는 한없는 시간적인 연속을 의미한다. 결국 우주란 시간과 공간의 전부를 말한다. 그러므로 시간과 공간, 즉 시공 그 자체라고 말할 수 있다.

우주라는 개념은 '4차원 세계는 시공이 없는 세계'라는 상대성 이론과도 완전히 일치한다. 불교에서 이야기하는 색심불이(色心不二)와도 통한다. 불가에서는 '무한의 시공이 곧 생명.'이라고 말한다. 다시 설명하면 '우주란 시공이고, 생명 그 자체.'라는 것이다.

과학자들에 따르면 "시간은 우주와 같이 시작됐다. 그 전에는 시간 같은 것은 존재하지 않았다."는 것이다. 이 말을 거꾸로 이야기하면 "시간이 시작되기 전에는 우주도 없었다."는 말이 된다. 시간도, 우주도 없었던 그 태초의 순간에는 생명 역시 존재할 수가 없었던 것이다.

따라서 생명은 우주의 탄생과 그 시작을 같이했다고 볼 수도 있다. 모든 생명은 우주와 함께 1백40억 내지 1백50억 년에 걸쳐 진화해 왔다. 그러므로 모든 생명은 대우주와 함께 진화해 온 소우주이고, 대우주의 엄격한 법칙 하에 있는 것이다.

우주초염력이 모든 생명에게 영향을 미치는 원인이 바로 여기에 있는 것이다. 영향을 끼치는 것은 공명현상(共鳴現像)이다. 공명현상은 내(사람)가 생각하는 것과 똑같은 마음으로 내가 생각한 그대로 이루어진다는 뜻이다.

여기서 중요한 것은 우주초염력을 받아들이기 위해서는 '참마음'을 가져야 한다는 점이다. 참마음이 없는 곳에는 우주초염력이 존재하지 않는다. 다시 말하면 우주초염력과의 공명현상이 일어나지 않는 것이다. 따라서 우주초염력을 발휘하기 위해서는 참마음 가짐이 절대조건이다.

그러면 참마음은 무엇인가.

마음 심(心)이 붙은 말은 두 가지 형태로 나타난다. 본심(本心), 인심(人心), 천심(天心), 신심(信心), 동심(童心), 이심전심(以心傳心), 평상심(平常心), 민심(民心), 진심(眞心)과 같이 심(心)자가 뒤에 붙는 단어들이다. 이와는 달리 앞에 붙는 단어도 적지 않다. 심리(心理), 심성(心性), 심신(心身), 심외(心外), 심혈(心血), 심안(心眼), 심기(心氣), 심중(心中), 심령(心靈) 등이 그것이다. 참마음은 거짓 없는 진실한 마음이다. 세상살이에서 묻은 때를 말끔히 지워버린 상태가 참마음이다.

그러면 참마음은 어떻게 가질 수 있는가.

참마음은 우주로부터 우주초염력을 받을 수 있는 회로(回路)를 열기 위한 전제조건이 된다. 우주초염력은 우리 인간의 참된 의식과 공명한다. 따라서 참마음을 가지지 못하면 우주초염력의 회로는 열리기 어렵다. 참마음을 갖기 위해서는 다음의 열 가지 마음을 지켜야 한다.

1, 화내지 말고 2, 남을 미워하지 말고 3, 욕하지 말고 4, 원망

하지 말고 5, 질투심 내지 말고 6, 지나친 욕심을 내지 말고 7, 거짓말 하지 말고 8, 남을 비하하지 말고 9, 잘 모르는 것을 아는 체하지 말고 10, 불평불만을 말라.

이렇게 하여 참마음을 가지게 되면 자신도 모르게 우주초염력이 자신의 혼(魂)과 융합되고 동화되어 갈 것이다. 우주초염력은 과학도 아니고 종교도 아니다. 그것은 우주가 가지고 있는 불가사의한 힘이다. 그것을 처음 발견한 분은 정명섭 옹(88세, 한국 CESP 우주초염력 연구소장)이다. 그는 사람들에게 우주초염력을 연결시켜 주는 능력을 가진 분이다.

허의 나와 실의 나

불교 반야심경의 핵심 사상은 '색즉시공 공즉시색(色卽是空 空卽是色)'이다. 반야심경의 교리는 아인슈타인의 상대성원리와 일맥상통한다.

동양의 신비사상으로 보거나 현대물리학으로 보아서도 물질은 실제(유=有)가 아니고 과정 속의 일시적인 모습에 지나지 않는다. 물질(유=有)과 공간(무=無)은 하나의 전체를 이루는 불가분의 관계인 것이다. 이처럼 보이는 물질이 있으면 반드시 보이지 않는 공간이 있음으로써 보이는 이 세상, 즉 우주가 있는 것이다.

그러니까 보이는 이 세상(실의 우주)이 있는 한 반드시 보이지 않는 저 세상(허의 우주)이 있고, 보이지 않는 저 세상(허상의 우주)이 있음으로써 보이는 이 세상(실제의 우주)이 있는 것이다. 그러므로 보이는 나(실의 나, 즉 살아 있는 나)가 있는 한 반드시 보이지 않는 나(허의 나, 즉 죽음의 나)가 있는 것이다.

그 반대로 보이지 않는 나(허의 나, 즉 육체를 입지 않은 나)가 있기 때문에 보이는 나(실의 나, 즉 육체를 가진 나)가 있는 것이다. 따라서 생과 사(生死)는 똑같이 겉과 속, 즉 표리(表裏)에 불과하다.

결국 유와 무는 같은 것의 양면, 즉 표리에 지나지 않는 것이다. 그러므로 유는 무를 낳고, 무는 유를 낳는 것이다. 다시 말하면 무(無)야말로 모든 유(有)의 근원인 것이다. 그것이 불교의 색즉시공이요, 공즉시색인 것이다. 여기서 색(色)은 물질, 즉 유이고, 공(空)은 무를 뜻한다.

그러므로 보이는 사물(유=有)은 모두 보이지 않는 마음(무=無)의 산물이고, 그 보이지 않는 마음(무=無)은 모두 보이는 것의 산물이다. 이렇게 반야심경은 '인간에 의해 알게 된 사물(유=有)은 모두가 인간 마음(무=無)의 산물임.'을 가르치고 있는 것이다.

동양신비 사상에서 무나 공은 결코 아무 것도 없는 상태를 말하는 것이 아니다. 역으로 모든 것을 나타나게 하고, 또 소멸시키는 생멸유전(生滅流轉)의 근원을 말한 것이다. 결국 이를 생사로 이야기하면 인간이 알고 있는 생사도 역시 인간의 마음에서 일어나는 생멸(生滅)의 일시적인 현상에 지나지 않는 것이다. 이렇게 해서 생(生)〈유=有〉은 사(死)〈무=無〉이고, 사(死)〈무=無〉는 생(生)〈유=有〉인 것이므로 생사는 한통속인 것이다.

이는 중국의 기(氣)사상과도 일맥상통한다.

장자는 "기(氣)는 이합집산을 반복하면서 모든 것을 생멸시키며, 궁극적으로는 무의 세계로 돌아간다."고 설명한다. 장자가 말한 기야말로 무(無) 그 자체이다. 무이지만 생명을 가진 무이다.

중국에서는 만물의 내면에는 무극(無極)과 태극(太極)이라는 불변자, 즉 변하지 않는 그 무엇이 있다고 했다. 만물은 기(氣)가 잠시 모여서 형성된 현상이다. 기가 흩어진 상태가 태허(太虛)이다. 태허는 만물의 본질이며, 만물의 변하지 않는 본질이다. 중국 사람들은 만물의 근본을 그렇게 설명했다. '태극과 태허'로 설명되는 만물의 근본은 한 마디로 화기임을 알아야 한다.

잠재의식을 끌어내라

마음은 정지된 것이 아니라 계속 활동을 한다. 마음이 움직이는 길을 알면 명상수행은 한결 수월해질 것이다. 인간에게는 크게 8가지의 마음(의식)이 있으며, 인간의 감정은 51가지나 된다.

마음을 깊이 연구한 불교의 유식학파(唯識學派)에서는 8종의 마음을 가르친다. 그러면 그 8가지 마음은 무엇인가.

8가지의 마음은 다섯 감각기관인 오감(五感)과 의식(意識), 그리고 말나식(末那識), 아뢰야식(阿賴耶識)을 말한다. 오감은 눈, 코, 귀, 혀, 몸(안이비설신=眼耳鼻舌身)으로 느끼는 감각이다. 의식은 이들 감각기관에서 들어온 느낌들을 종합해서 총괄하는 마음이다. 말나식은 의식 그 밑에 깔린 싫다, 좋다 등의 감정적 분별의식을 말한다. 잠재의식 위의 전의식(前意識)을 말나식이라 한다.

아뢰야식은 마음 속에 계속해서 쌓인 무의식으로서, 한 개인이 경험한 모든 감정의 씨앗이 심어진 정원과 같다. 아뢰야식은 인간의 맨 밑바닥에 기록된 잘 의식되지 않는 마음이다. 이를 한자로는 장식(藏識)이라고 한다. 장식에 저장되는 정보가 바로 업이다. 장식에는 육체로 행한 신업(身業), 말로 한 구업(口業), 마음으로 저지른 의업(意業)등 3업이 저장되어 있다.

의식은 우리가 깨어 있을 때만 작동하는 반면, 아뢰야식은 비밀리에 밤낮없이 작동되고 있다.

우리가 명상할 때는 의식이 사용된다. 명상할 때 밑바닥의 아뢰야식까지를 의식해서 드러내면, 정신적인 치유와 함께 깨침의 경지로 가게 된다. 서양 심리학에서 말하는 무의식은 아뢰야식의 극히 일부에 지나지 않는다.

아뢰야식, 즉 잠재의식에 깊이 새겨진 '정신적인 족쇄'를 인식하여 그것을 비워버릴 수 있다면 우리는 정신적인 자유를 얻게 될 것이다. 지구점 수련법은 잠재의식에 숨겨진 장식을 모두 끌어내어 정화하는 수련법이다. 말나식과 아뢰야식에 저장된 업과 습을 다 버리는 것이 마음 공부다.

그리고 마지막 제9식이 불성이요, 또한 참 자아이다. 그것을 찾아내야 깨달음인 것이다.

해탈은 무엇인가

붓다가 발견한 불교의 핵심 진리는 제행무상(諸行無常), 제법무아(諸法無我), 열반적정(涅槃寂靜)이다. 이를 불교에서는 삼법인(三法印)이라 한다.

제행무상은 이 세상에 영원한 것은 아무 것도 없다는 뜻이다. 제법무아는 '나는 우주와 분리된 것이 아니라 연결되어 있기 때문에 세상에 '나'라고 주장할 만한 것이 어디에도 없다.'는 의미다. 적정열반은 태어남과 죽음이 존재하는 현상세계 안에 초월적인 세계가 있다는 뜻이다. 끊임없이 변화하는 물질세계 안에 열반의 세계가 있는 것이다.

열반은 말 그대로 촛불을 끌 때처럼 '불을 끄다, 소멸시키다.'라는 의미다. 그러나 열반을 미망에서 벗어나거나 소멸로 생각하는 것은 진정한 해탈이 아니다. 열반이 해탈의 첫 단계이긴 하지만 이것이 전부는 아니다. 열반을 소멸, 즉 죽음으로 생각하는 것은 중생을 수행의 길로 인도하기 위한 방편일 뿐이다.

대승불교에서는 열반을 다르게 해석한다. 열반을 이 생의 삶의 끝이 아니며, 이 생의 삶과 동떨어진 것이 아니라 보는 것이다. 현생에서 궁극적 실재, 즉 하느님과 접촉할 수 있으면 그것을 진정한 열반으로 보는 것이다.

없어지지 않아도 바다에 존재하는 파도처럼, 우리도 우리를 '소멸시키지' 않아도 열반에 들 수가 있는 것이다. 우리가 진정한 본성, 즉 궁극적인 존재를 만날 수 있으면 그것이 곧 열반이요, 진정한 해탈인 것이다.

나에게 진정한 불성이 있다고 깨닫는 그 순간, 그것이 바로 열반이요, 모든 것으로부터 자유스러워지는 해탈인 것이다. 그러니까 적정열반은 궁극적인 해탈의 경지를 일컫는 것이다.

5

도가(道家)의 기적(奇蹟)들

기적이란 무엇인가

기적이란 무엇인가. 사람들이 상상으로는 전혀 이해할 수 없는 어떤 현상을 기적이라 한다. 기적은 현재의 과학으로는 증명할 수 없는 현상이라 하겠다. 마술사들이 수행하는 마법은 사람들의 눈속임이지만 그것은 일종의 과학이다.

기적은 자연의 신비적인 힘, 또는 삼라만상을 지배하는 알려지지 않은 어떤 심오한 능력이라 할 수 있다. 인류 역사상 신비스러운 행동을 보인 사람은 늘 있어 왔다. 인류 역사에 쓰여진 기록들을 분류하면 대략 8가지로 나누어 볼 수 있다.

첫째, 사람들을 계몽시키기 위해 미래에 닥쳐올 어떤 희망적 내용을 예견한다.

둘째, 사람 눈에 보이지 않는 먼 곳에서 일어나는 일을 직접 본 것처럼 말한다.

셋째, 예수의 기적처럼 조금밖에 없는 음식이나 물건의 양을 늘린다.

넷째, 자기의 몸을 동시에 여러 곳에 나타나게 한다.

다섯째, 환자를 손으로 만지거나 눈으로 쳐다만 보고도 병을 고친다.

여섯째, 사흘 동안 죽었다고 생각되는 사람을 소생시킨다.

일곱째, 남을 살해한 극악무도한 사람을 심판한다.

여덟째, 빈손으로 공중에서 금반지나 보석을 만들어 낸다.

그러나 기적이란 초능력을 가진 사람에게만 나타나는 것은 아니다. 우리 모든 사람들에게도 언제나 나타날 수 있다. 우리가 정성을 다하여 진실한 마음으로 열심히 자기 일에 열중할 때도 예상치 않은 기적이 나타날 수 있다. 에디슨이 전기를 발명한 것도 머리가 좋아서가 아니다. 반드시 이루어내겠다는 에디슨의 정성이 담겨 온 인류에게 기적 같은 무한의 혜택을 주게 된 것이다.

하느님이, 부처가, 알라가 반드시 도와 줄 것이라는 확신을 가지고 열심히 기도하면 반드시 하늘에서 응답이 온다. 그것이 바로 기적이다. 상식적으로는 도무지 안 될 것 같은 일도 '반드시 이루어진다' 는 마음으로 지극정성으로 기도를 하면 기적 같은 일이 내 앞에 펼쳐진다. 지성(至誠)이면 감천(感天)이라는 말도 결코 그냥 생긴 말이 아니다.

우리가 평소에 어떤 사람을 머릿속에 생각하거나 어떤 일이 이루지기를 소망하고 있을 때도 그 사람으로부터 소식이 오거나, 그 일이 이루어지기도 한다. 그것이 곧 기적이다.

예수의 기적들

성경에는 예수의 기적들을 많이 기록하고 있다. 예수는 병이 난 사람과 불구자, 정신병자들을 많이 치료하고 있다. 그는 환자 치료뿐 아니라 기적 같은 현상을 자주 행해 보이기도 한다. 물 위에서 공중으로 떠 있는 모습을 보이게 했다가 사라지게도 한다. 음식의 양을 늘려서 많은 사람들이 함께 먹게도 했으며, 물을 포도주로 바꾸는 기적을 보였다.

신학자들 가운데는 이런 기적들을 기적 그 자체로 인정하지 않고 단순히 상징적인 현상으로 해석하는 경향도 있다. 그러나 그것이 상징이 아니라 실제적인 현상으로 볼 수 있다는 게 유력한 의견이다. 예수의 가장 극적인 기적은 '죽은 자'를 일으키는 장면이다. 그리고 그 자신은 죽은 지 사흘 만에 부활하는 모습을 나타내 제자들에게 큰 감동을 주었다.

초기 기독교 사도 가운데는 병자를 치료하는 능력을 가진 사람이 많았다. 사실 오늘날에도 맨손으로 병자를 고치는 사람은 우리

나라뿐 아니라 세계 도처에 적지 않게 존재한다. 그 이후 로마나 인도 등지에서 많은 성자들과 신비가들이 공중에 몸 뜨기, 동시에 두 장소에 존재하기, 유체여행 등의 기적적인 능력을 보여 왔다.

이처럼 기적들을 행하는 사람들이 늘어나면서 악령의 힘을 빌린 마술사들이 대거 등장하자 로마 제국은 AD 1세기에 그 같은 마법을 법으로 금지시키기까지 했던 것이다.

사실 기적들을 자연스럽게 인정하기란 일반인들로서는 결코 쉬운 일이 아니다. 기적에 대한 대중의 이해는 크게 세 가지로 나뉜다.

첫째, 기적은 헛소리라고 주장하는 부류다. 둘째, 기적을 행하는 개인적인 체험을 한 사람은 기적을 사실로 인정한다. 셋째, 기적에 대해 열린 마음으로 바라보는 사람이다.

어쨌든 텔레파시나 투시력과 같은 것은 과학 실험도 하나의 현상으로 인정받고 있는 게 오늘의 현실임은 분명하다.

예수는 말했다. "내 안에 거주하는 아버지, 즉 신인 그분은 기적을 행하신다. 나는 아버지 안에 있고, 아버지는 내 안에 계신다."고 했다. 예수의 말처럼 차원 높은 기적은 신격으로 정화된 인물을 통해서 나오는 신의 작품이라 할 수 있다.

사실 오늘날 이루어지고 있는 과학의 발달은 과거 눈으로 보면 모든 게 기적이 아닐 수 없다. 무거운 비행기가 하늘을 날고, 석탄이나 석유에서 옷, 신발, 플라스틱, 건축자재들이 나오고, 핸드폰으로 깊은 산 속에서 축구나 야구 중계방송을 듣고 볼 수 있다는 것은 상상하기 힘든 기적들이다.

따라서 신인(神人)인간이 공중에서 보석이나 음식을 만들어 내는 기적들이 인간의 의식으로는 알기 어렵지만, 기적은 분명한 현상임에는 틀림없는 사실이다. 다만 그것이 현 단계에서는 인간이 이해하기 어려운 의식 너머에 있을 뿐이다.

그러나 생각을 가다듬어 보자. 과거 조상들이 오늘날의 과학적인 발달들에 대해서는 상상조차 할 수 없었을 뿐 아니라 과학적인 성과들은 모두 과거의 눈으로 보면 신이 아니면 할 수 없는 것들이다. 어찌 보면 과거 신들도 사람이 인공위성을 타고 달나라로 가서 돌들을 주워 오는 그런 일은 꿈조차 꿀 수 없었을 것이다.

성경 속의 기적들

성경에는 수많은 기적의 사례를 적어 놓고 있다.

마태복음 9장에는 예수가 병자를 치료하는 여러 장면이 나온다.

9장 28절; 두 소경이 "다윗의 자손 예수여, 우리를 불쌍히 여기소서." 예수 이르시되 "내가 능히 이 일을 할 줄 믿느냐." "그러하오이다." 예수께서 소경들의 눈을 만지시며 가라사대, "너희 믿음대로 되라." 그리하여 소경들의 눈이 밝아졌다.

소경들은 예수가 눈을 고쳐 주리라는 사실을 조금도 의심하지 않고 믿었기 때문에 눈을 뜰 수 있었던 것이다. 예수의 능력을 믿지 않았다면 설사 예수가 소경의 눈을 만졌어도 소용이 없었을 것이다. 하느님이 틀림없이 도와 줄 것이라고 믿고 정성껏 기도하면 기적의 응답이 온다는 사실을 뒷바침해 주는 것이다.

히말라야 산속에는 수많은 사람들이 곳곳에 동굴을 만들어 수행 생활을 한다. 심지어는 오랜 수행 끝에 물 위를 걸어가는 사람도 있다. 그러나 물 위를 걷는 것은 깨달음의 경지가 아니다. 진짜 성자들은 '배를 타고 가면 될 것'을 그 많은 세월 동안 어찌하여 물 위를 걸어가는 수행만 했는지 안타깝게 여길 뿐이다.

성경에 보면 간음과 부하를 죽인 이스라엘 2대 왕 다윗의 회개와 용서, 홍수를 이겨 낸 노아의 믿음, 모든 고난을 이겨 낸 나약한 여인 룻, 고난 속에서 하느님의 은혜를 입은 요셉, 가족과 사업, 건강을 잃어버린 욥의 재기 등은 절대자인 하늘을 믿는 마음을 끝까지 놓지 않음으로써 이루어낸 기적의 승리자들이다.

하늘이 반드시 나를 도와 줄 것이라고 믿고 자신의 일에 성실하면 꼭 성공할 수 있음을 알려주는 내용들이다.

인도 기적의 성자, 삿띠야 사이바바

가, 두 명의 사이바바

인도에는 기적의 성자라고 일컫는 두 명의 '사이바바'라는 인물이 나타난다.

한 분은 1850년대 하이데라바드 주 '니잠'에서 태어나(출생년도는 분명치 않음) 1872년 인도 봄베이 인근의 '쉬르디'라는 곳에 정착했다가 1918년 세상을 떠난 '쉬르디 사이바바'이다. 다른 한 분은 1926년에 태어나 현재(2006년 6월)까지 신인인간으로 활동하고 있는 '삿띠야 사이바바'다. '삿띠야'는 스스로 '쉬르디'의 환생(쉬르디 사망 8년 후)이라고 밝히고 있다.

나, 쉬르디 사이바바

사이바바(sai baba)의 'sa'는 '신성한'의 뜻이다. 'ai' 또는 'ayi'는 어머니를, 'baba'는 아버지를 뜻한다. 사이바바는 자아의 깨달음으로 인도하기 위한 '부모'라는 의미다. 그는 '나는 사랑의 화신.'이요, '사랑은 나의 도구.'라고 말한다.

그는 10대 때부터 주변 사람들로부터 범상치 않은 인물로 인식되었다. 그러던 어느 날 저녁 사이바바는 램프에 쓸 기름이 필요했다. 기름 가게 주인에게 기름을 요청했으나 주인은 기름이 없다고 대답했다. 그 주인이 사이바바가 어떻게 하는가를 보기 위해 그의 거처로 갔다. 그때 사이바바가 발 씻을 물을 램프에 붓고는 불을 붙였다. 램프는 계속해서 불타 올랐다. 사람들은 어린 사이바바가 물을 기름으로 바꾸었음을 알아 차렸다.

그때서야 깜짝 놀란 기름 가게 주인과 마을 사람들이 자신들을 저주하지 않게 해 달라고 기도했다. 이것이 쉬르디 사이바바가 대중에게 선보인 첫 기적이었다.

그 후 사이바바는 중풍, 나병, 역병과 같은 병을 고쳐주고, 자손을 낳게 해주었다. 그의 명성이 입소문을 통해 인도 전역으로 퍼져나갔다. 최고의 명성에도 불구하고 그는 음식을 구걸해 먹으면서 부와 권력을 가진 사람들에게 영혼을 일깨워 주고자 노력했다.

1918년 세상을 떠났을 때 그에게는 자신의 시신을 매장할 만큼의 돈만 남겼을 뿐이다.

다, 삿띠야 사이바바

삿띠야 사이바바는 신인인간(神人人間=신으로 존재하다가 인간이 된 사람; the God Man)으로 추앙받고 있다. 그가 거처하는 '아쉬람'(수행장소)에는 세계 각국으로부터 영적 계시를 받기 위해 수많은 추종자들이 몰려들고 있다. 일본에서는 그를 위한 월간 잡지가 20년 넘게 발행되고 있으며, 그의 행적에 관한 책이 이미 수천 종류에 달하며 100여 개 나라 말로 번역되어 있다.

우리 나라에서도 두 권이 번역된 바 있으나 거의 품절 상태다. 우리 나라에서는 정명섭 CESP 우주초염력 연구소 소장을 중심으로 해마다 수십 명씩 사이바바를 친견하기 위해 인도 현지를 다녀오고 있다.

사이바바는 매년 시바 신에게 올리는 제전을 베풀고 있다. 봄베이에서는 삿띠야 사이바바를 위한 세계대회가 열리기도 한다. 참석자 중에는 인도의 고위층들을 비롯한 중동의 왕족, 세계 각국의 사업가, 변호사, 교수, 의사, 공무원, 종교인, 환자 등 모든 계층이 다 포함돼 있다. 행사에는 세계 도처에서 수만 명씩 모여든다. 많을 때는 20만 명이 한꺼번에 모인 기록도 있다.

거기에서는 언제나 공식적으로 두 가지의 기적을 나타내 보인다.

그는 영적인 주제들에 관해 먼저 이야기한다. 삶의 목적은 무엇이고, 인간이 삶의 목표에 도달하기 위해 어떻게 살아가야 하는가에 대해 설명한다. 그리고는 참례자들 앞을 돌아다니면서 허공에서 값비싼 물건을 만들어 사람들에게 나누어 준다. 목걸이, 귀고리, 반지, 팔찌 ,염주 등을 만들어 준다. 금으로 만든 상이 있는가 하면, 때로는 비취, 다이몬드를 만들기도 한다.

물건을 만들 때는 마치 마술을 쓰는 게 아닌가 하고 의심스러워하는 사람들도 적지 않다. 그래서 그는 때로는 팔소매를 걷어붙인 뒤 손을 사람 눈앞에다 놓고 물건을 만들어 낸다. 여기서 선물한 물건은 결코 돈을 받지 않으며, 귀가해서도 오랫동안 자기 집안에 보관할 수 있다.

물건을 만들 때는 손바닥을 아래로 편 채 몇 바퀴 휙 돌려서 만든다. 사이바바에 관한 책을 쓰는 사람들은 늘 긴장하게 마련이다. 저것이 진짜인가 가짜인가를 알아내기 위해 요모조모로 사이바바의 팔 움직임을 바로 앞에서 유심히 살펴본다. 그렇지만 물건을 옷 속 어디에 감추었다가 꺼내 오거나 옆에서 누가 가져다준다는 흔적은 전혀 찾을 수 없다. 수십 번의 기적을 보고도 의심하고 또 의심해 보는 사람도 있다. 그래서 사이바바는 자기의 행동을 의심하는 사람에게는 반팔 옷을 입고 물건을 만들어 내기도 한다.

사이바바가 만든 귀금속들은 일본의 몇몇 대학과 연구소에서 분석해 보았으나 그 성분을 정확히 알아낼 수 없었다고 한다. 지금도 성분 분석 작업은 계속되고 있다.

그리고 그는 찾아온 환자들에게 병을 치료해 준다. 악성 폐결핵 환자, 암, 류마티스성 앉은뱅이 등등 환자를 치료해 주고, 때로는 즉석에서 약을 만들어 전달해 준다. 그는 또 사람들이 많을 때는 공중에서 신성한 재(우디), 즉 '비푸띠'를 만들어 신봉자들에게 나누어 준다, 요즘은 사람들이 워낙 많아 환자 치료용으로 쓰는 그 재를 봉투에 넣어 현지에서 참례자들에게 팔고 있다.

이렇게 추종자들에게 전달된 물건은 사이바바와 추종자 사이에 하나의 연결고리 역할을 한다. 추종자들이 어떤 곤경을 당할 때 그 물건이 즉시 사이바바에게 염파를 보내 물건 소지자의 곤경을 알리면 바로 그 곤경을 해소시켜 준다. 수십 년 동안 그의 주변에는 그야말로 공상소설 같은 이야기들이 꼬리를 물고 있다.

라, 사이바바의 아쉬람 가는 길

　2005년 12월 1일부터 4박 5일 일정으로 사이바바를 친견하기 위해 한국인 일행 15명이 비행기에 올랐다. 서울을 떠나 싱가포르에서 비행기를 바꿔 타고 인도의 남부 신흥 도시 뱅갈로 공항에 내렸다. 겨울철이어서 낮 기온은 섭씨 26도 내외로 좋은 편이었다. 사이바바는 인도 전국 세 곳에 수련도장을 운영하고 있다. 각 수련 도장에는 언제나 1만 명이 넘는 수련자들이 기거한다.

　일행이 찾아간 곳은 붓다 발티(putta balthy)라는 아쉬람이다. 뱅갈로에서 버스로 4시간 30분이 소요되는 곳이다. 원래는 한가한 시골촌이었다. 그러나 사이바바가 이곳에 아쉬람을 설치하면서 큰 도시로 변모했다. 이 아쉬람에서 잠을 자면서 수련하는 사람만도 2만 명을 웃돈다고 한다. 숙식만 제공받는 자원봉사자도 수천 명에 이른다고 한다.

　한국인 일행은 아쉬람 근처 호텔에 숙소를 정하고 출퇴근 수련을 했다. 아쉬람은 신을 만나는 장소라는 뜻으로 대리석 바닥으로 꾸며져 있다. 지붕은 있으나 벽은 없고 트여 있다. 수많은 사람들이 앉아서 사이바바의 영적 안내를 따르고 있는데 건물 바깥과 안쪽의 분위기는 전혀 딴 세상처럼 느껴질 정도로 수련장의 공기는 신선하다는 느낌마저 든다. 누구든지 그 안에 앉아 있기만 해도 마음이 편안해진다. 일행들도 한결같이 편안한 느낌을 가졌다며 즐거워했다.

사이바바는 1주일에 한두 번씩 대중 앞에 나타나 강론을 펼친다. 시간은 30분에서 한 시간 정도. 예전에는 두세 시간씩 강론을 했다. 인도 남부지방 언어로 연설을 하는데, 외국인들이 많을 경우는 가끔 영어로 법문을 한다.

인도에는 16개의 공식 언어가 있을 정도로 많은 인구와 넓은 국토를 가진 나라여서 때로는 인도인들도 통역이 필요하다고 한다. 그는 요즘도 수많은 사람들이 지켜보는 가운데 재를 만들어 보이기도 한다.

사이바바는 전형적인 인도인의 모습이지만 특유의 곱슬곱슬한 큰 가발을 쓴 것 같은 머리카락 모양을 하고 있다. 옷은 발밑에까지 내려오는 통치마 같다. 키는 150cm 정도로 작은 편이다. 그는 항상 오렌지 색이나 붉은 색 옷을 입고 있어서 순례자들 눈에 쉽게 들어온다. 2년 전 허리를 다쳐 한때 몸이 다소 불편하다는 소식이 전해졌으나 81세 고령에도 불구하고 아직도 우렁찬 목소리와 함께 손을 흔들며 환하게 미소 짓는 모습이 건강해 보였다.

한국인 일행은 호텔에서 잠을 자고 아침 식사는 수련원 구내식당에서 했다. 한국 돈 1000원짜리 음식인데 오트밀, 빵, 쿠키, 우유, 음료, 과일 등이 제법 먹을 만했다. 고기나 생선은 일체 사용하지 않는다고 한다. 사이바바도 철저한 채식주의자다. 그는 8월 더위가 기승을 부릴 때는 높은 산이 있는 산장 수련장으로 거처를 옮긴다고 한다.

마, 삿띠야 사이바바의 출생

삿띠야 사이바바는 인도 중부의 '뿌따빠르띠' 마을에서 3남 2녀 중 네 번째로 태어났다. 그의 증조부는 농장을 가진 비교적 유복한 집안에서 태어났다. 증조부는 종교적인 생활을 영위했다. 마을에서 운영되는 종교적 드라마나 오페라에 주도적으로 참여한 뛰어난 음악가이며, 배우였다.

마을의 주요 여가 행태였던 그 드라마 내용은 인도의 위대한 영적 서사시에서 나온 것이었다. 인도는 영화산업이 세계에서 가장 발전된 나라이며, 인도인들은 누구나 영화를 즐겨 본다.

소년 시절 사이바바는 할아버지의 종교적인 지식을 갖춘 교육을 받았다.

그가 태어나기 전 집안 거실 벽에 걸어놓은 큰 북이 한밤중에 스스로 둥둥! 소리를 내는 일이 잦았다고 한다. 그리고 태어난 다음에는 침대에 코브라가 있었으나 아무런 해도 입지 않았다. 코브라 신은 시바 신을 상징하는 것 가운데 하나여서 집안사람들은 결코 범상치 않은 일이라 여겼다. 마을 사람들은 사이바바의 아름다운 용모와 사랑스런 미소, 유순한 성격을 좋아했다.

자라면서 주위 사람들과는 달리 육식을 하지 않고 주로 채식을 했다. 돼지, 양, 소, 닭을 잡는 장소나 고기를 담은 그릇을 피했다. 육식을 혐오하고, 생명체에 대한 깊은 사랑으로 인해 마을 사람들은 그를 지혜를 깨달은 자라고 불렀다. 발걸음은 빨랐으며, 밖에

서 아이들과 놀기를 좋아하는 골목대장이었으나 동물을 학대하는
놀이는 하지 않았다.

집에 찾아온 거지에게는 꼭 음식을 주었다. 그래서 어머니로부
터 거지에게 밥을 주면 네가 굶어야 한다는 소리를 자주 들었다.
그래서 밥을 굶는 일이 종종 일어났다. 걱정하는 어머니가 제발
밥을 먹으라고 하면 우유에 밥을 섞어 먹어 배가 부르다며 손을
내 밀었다.

인도 사람들은 손으로 음식을 먹는 사람이 많기 때문에 어머니
가 음식 냄새를 맡을 수 있도록 손을 내민 것이다. 어머니는 누가
주었는지 그의 손에서 버터와 우유 냄새를 맡을 수 있었다. 아마
도 이때부터 그는 음식을 만드는 기적을 나타낸 것으로 보인다.

삿띠야는 시골 마을에서 학교 교육을 받았다. 매우 총명해서 그
의 할아버지처럼 연극, 음악, 시와 연기에 큰 재능을 보였다. 8살
나이에 마을 오페라 연극무대에서 노래를 부르기도 했다. 그는 텅
빈 가방에서 사탕이나 과일을 만들어 아이들에게 나누어 주거나
친구들이 연필, 지우개 등을 잃어버리면 빈 가방에서 만들어 주곤
했다고 전해진다.

결국 그는 초등학교 재학 시절부터 주변의 아이들로부터 영적
스승인 '구루'라는 소리를 들었다. 중등학교에서도 인기를 독차지
했으며 선생님으로부터 미래를 내다보는 현명한 아이라는 소리를
들었다.

그의 교묘한 손놀림으로 이상한 것들을 만들어 내는 아들에게 아버지는 화를 내곤 했다. 어느 날 아버지는 "너는 유령이냐, 신이냐, 미친놈이냐." 하며 버럭 소리를 질렀다. 그는 아버지를 똑바로 바라보면서 "나는 사이바바입니다."라고 말했다. 그리고는 사람들에게 "내가 너희들의 어려움을 해결해 줄 테니 집을 깨끗이 하고 신성하게 하라."고 일렀다.

삿띠야 사이바바는 1940년 10월 20일 그의 형 집에서 책을 던져 버리고 학교를 그만두겠다고 선언했다. "나의 신봉자들이 나를 만나기를 원하고 있으며, 나는 그들을 위해 할 일이 있다."고 말했다.

14살의 나이였다. 그의 형수는 삿띠야의 머리에서 눈이 멀 것 같은 광채가 나오는 것을 보았다. 이같은 현상은 예수도 그랬고, 모세나 석가도 그랬다. 영적으로 어느 정도 높은 단계에 이르는 사람은 얼굴에서 빛이 난다. 그것이 바로 불교에서 말하는 광배(光背)인 것이다.

그는 이때부터 환생한 '사이바바'라는 이름을 사용하기 시작했으며, 그 1년 후부터는 오래 전 육신을 벗은 쉬르디 사이바바가 갖고 있던 모든 능력을 나타냈다.

앞서 간 사이바바와 환생한 사이바바가 영적으로 동일체라는 사실은 먼저 간 사이바바를 아는 수많은 인도 사람들로부터 여러 측면에서 증거되어 왔다.

바, 사이바바는 대가를 바라지 않는다

삿띠야 사이바바는 늘 멀리서 온 사람들에게 음식을 준다. 그러나 때때로 음식장만이 부족한 편이었다. 그렇지만 그는 부족한 음식을 보충하기 위해 예수와 같은 능력을 발휘해 결코 음식이 모자라는 일이 없게 했다.

또 마을 강둑 한 곳에 '타마린' 이라는 나무가 자라고 있었는데, 그 나무에 사과, 배, 망고, 오렌지, 무화과 등 철이 지난 과일을 열리게 해서 추종자들에게 감동을 주곤 했다.

돌을 사탕으로 만들어 사람들에게 먹게 하거나, 먼 나라의 여행지에서 잃어버린 수표를 찾아주는 일, 손에서 시바 초상과 작은 금상을 만드는 일 등 수많은 기적을 창출해 내면서도 결코 대가를 바라지 않는다.

만일 그가 명예나 어떤 이득을 바라고 그 같은 일을 해 왔다면 그의 능력은 오래 전에 사라지고 말았을 것이다.

기적적인 능력을 빌미로 자기 욕심을 채우려는 사람에게서 하늘은 그 능력을 빼앗아 버리는 것이다. 이것은 한국에서도 무당이나 또는 병을 치유하는 능력을 지닌 사람들에게서 흔히 나타나는 일이다. 사이바바는 멀리 떨어진 곳에 자신의 모습 그대로 나타나거나 오랜 친구나 친척, 거지, 노동자, 현인 등의 모습으로 변신해 나타나기도 한다.

자기 자신의 존재가 널리 알려지지 않았을 때는 많은 기적을 주위 사람들에게 보여 주었다. 그렇게 한 까닭은 많은 사람들에게 자신의 진리의 목소리에 경청하게 하기 위해서였다.

사이바바를 찾는 사람들의 부류는 여러 가지다.

첫째, 곤경에 빠진 사람, 둘째, 세속적인 이익을 취하려는 사람, 셋째, 영적인 성숙을 원하는 사람, 넷째, 상당 수준의 영적 지혜를 얻은 사람 등이다.

사업상의 계약, 집을 팔아야 할지, 어떤 직업을 찾아야 할지, 건강상의 문제 등 상담 내용도 매우 다양하다. 그는 자신이 예언가나, 점쟁이, 사업자문가, 치료인 등 어떤 사람으로 취급 받아도 개의치않고 친절하게 안내해 준다. 찾아오는 사람들의 수준에 맞게 그들을 만족시켜 주려고 하는 것이다.

사람들은 물질적인 무엇을 얻고 난 다음 영적인 가르침을 받을 능력이 없는 사람은 그의 곁을 바로 떠나 버리고 만다. 추종자들이 넘치는 요즘은 그를 직접 만나보기는 어렵다. 질서를 유지하기 위해서다.

예수나 사이바바가 기적을 사용하는 까닭은 무엇인가. 그것은 영적인 진보를 위해, 믿지 않으려는 인간들의 마음속에 있는 장애물들을 제거해 주기 위한 것이었다. 기적을 만들어 내는 것은 사

람들에게 신성의 본질을 확신시키고 깨닫게 하려는 하나의 수단
일뿐, 기적 그 자체를 자랑하려는 것은 결코 아닌 것이다.

사, 사이바바의 가르침

사이바바는 과연 인류에게 무엇을 가르치려고 하는가. 사실 진
리에 관한 이야기는 이미 5000년 전부터 성현들에 의해 여러 형
태로 고대 문헌에 기록돼 있다. 시대의 변화와 함께 새로운 성자
가 출현한다 해도 과거에 설파된 이야기의 반복에 지나지 않는다.
다만 새로운 시대에 맞게 이야기 내용이 각색되고, 강조점이 약간
씩 차이날 뿐이다.

마치 현 시대에 출현한 성자 자신만이 새로운 진리를 말하고 있
다고 하는 것은 잘못된 것이다. 이미 옛 문헌에 기록된 깨달음의
진리가 새로 나타난 자칭 도인 또는 성자들에 의해 오도되고 잊혀
지는 경우는 인류 역사상 수없이 많다. 진리를 말하는 선각자들은
모두 자기 나름대로의 방식에 따라 진리를 표현하고 있을 뿐이다.

인간이 진리에 대한 이야기를 듣는 것만으로는 하나의 지식 습
득에 지나지 않는다. 스스로 깨우쳐 진리를 몸소 터득해야 한다.
진리를 깨달았으면 진리 그대로 행동이 뒤따라야 한다. 진리와 행
동이 일치하지 않는다면 깨친 사람이 아니다.

인간의 본질은 무엇인가. 영혼이다. 아트마(본질적 자아=진아)
라고도 한다. 육체는 인간의 본질이 아니다. 육체를 자기 자신과

동일시해서는 안 된다. 진리에 어느 정도 눈 뜬 사람도 육체만이 자신인 것처럼 행동한다. 아트마는 결코 육체의 흥망성쇠에 영향을 받지 않는다.

인간은 육체를 이끌고 살아가는 타락한 존재가 아니다. 인간은 불멸의 영원한 존재다. 그래서 영원한 곳에서 부름이 있으면 즐거운 마음으로 가야 한다. 인간은 자신의 속박으로부터 벗어나기를 갈망한다. 자유는 죽음으로써 거저 오는 것이 아니다. 신체를 벗은 후에도 아트마는 또 다른 매개물로 뛰어든다.

인간이 이 세상에서 가졌던 기억과 욕망의 고리는 아트마를 끝없이 윤회하게 한다. 따라서 인간이 자유와 영원한 행복을 얻기 위해서는 세속적인 욕망과 집착을 버려야 한다.

삿띠야 사이바바는 말한다.

"인간은 벼와 같다. 껍질이 제거되면 벼는 성장하지 못한다. 인간의 껍질은 욕망 덩어리 육신이다. 만일 이것이 제거된다면 인간은 윤회하지 않을 것이다."

세속의 욕망과 집착을 버리는 데는 오랜 영적인 수련이 필요하다. 인간이 물질적인 욕망이 아니라 신과 합일하겠다는 욕망을 가진다면 그는 세속적인 차원에 떨어지지 않을 것이라고 바바는 강조한다.

그는 모든 인간은 신의 불꽃이며, 모든 인간은 잠재적으로는 신이라고 말한다. 아트마의 원리를 깨우친다면 바로 신이 된다고 말한다. "모든 사람이 각기 가지고 있는 분리된 개개의 정신을 절대적이면서도 전체인 아트마의 바다에 합류시킴으로써 신이 될 수 있다."고 설명한다.

신은 형태가 없다. 그럼에도 신은 모양을 갖고 있다. 신은 존재하는 모든 것 속에 내재하고 있으며, 무엇보다 인간 안에 더 확실히 존재한다. 사람에 따라서 더 강렬하고 완전하게 존재한다. 인류 사상 극히 소수의 사람만이 완전한 신이었다.

신은 처음이자, 중간이며, 끝이다. 신은 기초이자, 실체이며, 근원이다. 신을 저 하늘 속에서 찾으려 할 필요가 없다. 신은 우리의 팔 다리보다도 더 가까이 우리 내면에 존재한다. 인간의 궁극적인 목적은 자신의 내부에서 신을 깨닫는 것이다.

영적인 목적을 이루기 위해서는 어떻게 살아야 하는가.

평범하게 살면서도 세속의 노예가 돼서는 안 된다. 배는 물에 들어가도록 만들어졌지만 물이 배 안으로 들어와서는 안 된다. 우리가 세상에 태어났지만 세상이 우리 몸속으로 들어와서는 안 되는 것이다.

우리가 세상에 존재하는 위대한 드라마는 순간에 불과하다. 따라서 우리를 드라마와 동일시해서는 안 된다. 우리가 남기고 떠나야 할 세상 일체에 집착해서는 안 된다. 물질세계는 환상의 그림자일 뿐이다. 우리는 영원한 것과 일시적인 것, 즉 실상과 허상을 구별할 줄 알아야 한다. 따라서 항상 신을 향해 좀더 가까이 가라.

우리가 세속의 쾌락을 통해 행복을 추구할 때마다 그 기쁨 만큼의 고통이 존재한다. 그러면 세속의 유혹에서 벗어나기 위해서는 어떻게 해야 하나. 그것은 모든 행동에 영적 지식이 더해져 사랑과 자비로 채워질 때 가능하다. 인간의 마음이 물질적인 욕망으로 가득하고, 관능적인 욕망이 무겁게 마음속에 자리잡고 있을 때 신은 그대를 끌어안을 수 없게 된다.

인간은 신이 전락해서 된 존재다. 인간에 들어온 영원한 신의 정신 때문에, 인간은 정신적인 진화의 길을 따라 상승하려고 노력해 왔고, 신과 합일되기 위해 힘쓰는 것이다. 자유로운 영혼은 신과 하나이다. 신이란 하느님이요 우주 그 자체이다.

사이바바는 신을 체험할 수 있는 10가지 방법을 제시했다.

1, 신을 체험하려는 사람은 현세와 내세에 존재하는 것이 전혀 무가치하다는 것을 깨달아야 한다. 내세에 내가 어떻게 될까 하고 걱정하는 것은 어리석기 짝이 없는 짓이다. 오로지 현실 세계에서 내가 어떻게 살고 있는가가 중요하다.

2, 나는 차원 낮은 세계에 빠져 있으며, 거기로부터 벗어나려는 부단한 열망을 내 속에 갖고 있음을 알아야 한다. 그리고 그 목표를 향해 부단히 노력해야 한다.

3, 인간의 감각기관은 항상 자신의 외부만을 보려한다. 영원한 삶을 원하는 사람은 내부를 응시해야 한다.

4, 그릇된 행위를 하고도 반성하지 않으면 아무리 위대한 지식의 소유자라도 진정한 자아실현은 불가능하다.

5, 영적 삶을 하려는 사람은 진실한 생활을 해야 하며, 죄를 씻기 위해 고행을 하고 올바른 행동을 해야 한다.

6, 현명한 사람은 선을 선택하나, 현명하지 못한 사람은 쾌락을 선택한다.

7, 마음과 감각기관을 억제할 수 없다면 목적지에 도달할 수 없다.

8, '나는 육체다' '나는 정신이다' 하는 착각에서 벗어나야 한다. 육체의 욕심을 억제하고, 정신을 항상 맑게 해야 한다.

9, 훌륭한 스승을 만나야 한다. 스스로 열심히 영적 수련을 하고 있으면 신이 내려와서 스승이 되어 줄 것이다.

10, 신의 은총이 있어야 한다. 조그마한 탐욕이라도 있다면 영적 노력은 허사가 되고 만다. 마음을 순수하게 하는 것이 가장 필요하다.

아, 사이바바의 탄생 목적

사이바바는 속세에서 할 일이 많은 성자다. 그러나 크게 두 가지를 위해 이 세상에 태어났다고 말한다.

첫째, 인간을 신에게로 인도하는 일이다. 둘째는 종교나 신에 대한 믿음의 씨앗을 뿌리기 위해 왔다.

그렇다면 신이란 무엇인가. 인간 복리에 대한 자비로운 관심, 병 치료, 인간이 영적 영역으로 들어갈 수 있게 돕는 힘, 방탕한 자식을 용서해 주고 자비를 베푸는 마음, 모든 인간에게 공평하게 대하는 사랑 등을 가진 존재다. 이같은 신의 신비를 누구도 이해할 수 없다. 그것을 이해하기 위해서는 그것에 빠져들어야 하는 것이다. 찬반 논란은 아무런 도움도 되지 않는다. 뛰어들어야 깊이를 알고, 먹어보아야 맛을 알 수 있는 것과 같다.

사이바바의 예언에 따르면 자신은 95세 전후에 승천하고 8년 뒤에 다시 화신한다고 한다. 이름까지 예언해 놓았는데 여성인 쁘레마 사이바바(Prema Saibaba)로 환생해서 인류를 구제할 것이라고 한다. 그의 어록 몇 가지를 소개한다.

(1)
세계에는 하나의 종교밖에 없다. 그것은 사랑의 종교이다.
세계에는 하나의 언어밖에 없다. 그것은 마음이란 말이다.
세계에는 하나의 인종밖에 없다. 그것은 인간이라는 인종이다.
세상에는 하나의 신밖에 존재하지 않는다. 그것은 편재(遍在=온 세상에 두로 퍼져 있음)이다.
(2)
타인의 신앙을 비난하는 것은 자신의 신앙을 저주하는 것이다.

또, 다른 종교를 비판하는 것은 종교의 본질과 신의 영광에 대해서 자기의 무지를 드러내는 것이다.

(3)

말은 사람에게 힘을 주기도 하지만 힘을 빼기도 한다.

말로 인해서 친구를 얻기도 하지만 적으로 만들기도 한다.

말은 사람을 향상시키기도 하고, 손상시키기도 한다.

사람은 우아하게 부드럽게 기분좋게 이야기하는 습관을 들여야 한다.

사람이 타인에게 경멸, 중상, 비꼬임, 미움 같은 말을 쓰면 그것은 모두 테이프에 녹음되듯 그 사람 정신에 각인되는 것이다.

(4)

나는 어떤 신이건 외견상 차이를 인정하지 않는다.

어느 신이 더 중요하다든지 중요하지 않다든지는 말하지 않는다

당신이 선택한 신을 당신의 방법으로 예배하시오.

그렇게 하면 당신은 나와 가까워졌다는 것을 알게 될 것이다.

자신이 선택한 신을 바꿀 필요는 없다.

모든 신의 이름은 나의 것이다. 나는 이미 당신의 언행을 다 보고 있다.

(5)

현재에 살아라.

지금 이 순간이 바로 그때이다.

지나간 시간은 당신의 손아귀에 없다.

앞으로 오는 시간도 당신의 것이 아니다.

이것을 마음에 새긴 사람만이 신과 일체가 될 수 있다.

(6)

먼지와 나무 잎새, 물방울 어느 것이나 신이다.

이 세상에는 신밖에 없다.

당신도 예외가 아닌 신이다.

이 진실과 본성을 이해하고 일체를 이루는 것을 깨달음이라 한다.

(7)

당신의 모든 활동을 신성함으로 채워라.

무엇을 보던지 신성한 감정으로 보라.

무엇을 듣던지 신성한 감정으로 들어라.

무엇을 하던지 신성한 감정으로 하라.

모든 것을 주의 기쁨으로 행하라.

신은 당신 안에 있다. 위에도, 뒤에도 있다.

(8)

이 육체는 물거품에 지나지 않는다.

마음은 단지 미친 원숭이다.

나는 양심이며, 나와 신은 일체이다.

몸이 형태를 갖추기 이전부터 이미 당신은 있었다.

(9)

다른 사람에게 봉사하는 일은 나에게 하는 것이다.

나는 모든 사람들 안에 있기 때문이다.

당신이 주는 위로와 기쁨은 모두 자신에게 도달한다.

그들 마음 안에 내가 있기 때문이다.

자, 사이바바의 수행법

사이바바는 추종자들을 위해 몇가지 수행방법을 제시해 놓고 있다. 첫 번째는 진언을 외우는 것이며, 두 번째는 자신이 작사 작곡한 노래를 부르게 하는 것이다. 세 번째가 신의 이름을 염송하면서 명상하는 것이다. 이는 불교에서 관세음보살이나 나무아미타불을 염송하는 것과 비슷하다.

네 번째가 소리 명상법으로 "소-하-ㅁ"을 길게 소리내면서 '나는 신이다.'라고 상념한다. 내가 신이면 다른 모든 사람과 존재 또한 신이다. 이 소리는 우리에게 널리 알려진 "오-ㅁ"과 같은 것이다. 옴은 인도 '베다' 경전의 만트라이며 모든 소리의 집약이다.

다섯 번째가 광명 명상이다. 촛불을 켜놓고 지긋이 불꽃을 바라본다. 그리고는 눈을 감고 불꽃이 양미간의 이마 안쪽으로 들어와 있다고 느껴본다. 그리고 그 불꽃이 심장을 타고 몸속으로 들어가 몸속 구석구석 어두운 곳을 비춰 준다. 그러면 몸속의 어두운 곳은 없어진다고 상상한다. 다음에 빛을 수족과 몸의 모든 곳으로 비춘다.

다시 빛을 위로 올려 눈과 귀에다 쏘아 나의 비뚤어진 욕망을 모두 태워 없애버린다. 그리고 머릿속에 빛을 가득 채운다. 그러면 암흑의 주인인 나쁜 상념은 모두 다 도망쳐 버린다. 그리하여 내 몸 안에 빛이 강하게 빛난다고 상상한다. 빛이 내 주위를 빛나게 하고 그 빛의 둘레를 점점 더 크게 넓힌다.

마지막으로 이 빛을 나의 친인척, 친구, 그리고 나를 미워하는 사람과 세상의 모든 살아 있는 것들에 비추어 전 세계를 빛으로 둘러싸 안는다. 빛의 감동을 차분하게 음미해 나간다.

빛은 신이고, 신은 곧 빛인 것이다.

진묵대사의 유체이탈

진묵대사는 조선시대 매우 유명한 선승이었다. 그는 서산대사의 스승이다. 서산대사는 사명대사의 스승이다. 진묵대사는 가끔씩 기행을 하기도 했으며, 유체이탈로 먼 곳을 다녀오기도 했다. 그의 죽음은 너무나 극적이다.

어느 날 진묵대사는 제자에게 신신당부했다. 내가 해외여행을 하고 돌아올 테니 앞으로 사흘 동안은 여기 이 방문을 절대 열어서는 안 된다고 단단히 일러두었다. 또한 어느 누가 찾아오더라도 이 방문을 결코 열어주어서는 안 된다고 말해 두었다.

그리고 나서 진묵대사는 유체이탈을 해서 유럽 여행길에 나섰다.

그러던 사흘 후 인근 마을에 살면서 진묵대사와 친하게 지낸 괴짜 노인이 진묵대사를 만나 뵈러 왔다. 노인이 제자에게 진묵대사를 만나러 왔다고 말했다. 제자는 노인에게 지금 대사님은 출타 중이어서 당분간은 외부 사람을 만날 수 없다고 대답했다. 그러자 노인은 막무가내로 대사를 만나야겠다며 고집을 피웠다. 실랑이를 벌이다 마침내 노인이 진묵대사가 거처하는 방문을 열었다.

노인은 그만 깜짝 놀라고 말았다. 진묵대사가 가만히 누워서 미동도 하지 않았기 때문이다. 방안으로 들어가서 자세히 몸을 살펴보니 숨소리조차 들리지 않았다. 노인은 진묵대사의 제자에게 그만 버럭! 화를 냈다.

"이 사람아! 이렇게 죽은 시체를 그냥 방에다 모셔 놓으면 어떻게 하느냐."며 호통을 쳤다. 제자는 노인이 하도 호통을 치는 바람에 그만 사흘 동안 절대 방문을 열어서는 안 된다는 진묵대사의 당부 말씀을 까맣게 잊어버린 것이다.

제자는 얼떨결에 진묵대사를 땅에 묻어 버리고 말았다. 스승님이 죽은 줄도 모르고 있었으니 이 어리석은 제자를 용서해 달라며 빌고 또 빌었다.

자신의 시신이 땅에 묻히고 난 뒤, 진묵대사가 유럽 유체여행을 마치고 자기 처소로 돌아왔다. 그러나 자기의 육체가 없어졌음을 알게 됐다. 육신이 없어졌으니 영혼도 삶의 터를 잃어버리게 된 것이다. 어리석은 제자에게 내 육신이 어디 갔느냐고 아무리 닦달해 보았으나 제자가 알아들을 리가 없었다. 참으로 어이없는 일이 벌어지고 만 것이다.

그래서 진묵대사는 자기가 여행하던 유럽으로 되돌아갔다. 거기서 그는 유럽 지역을 보호하는 '문명신'이 되었다고 전한다. 진묵대사의 영혼이 보호해 주는 땅, 유럽이 아시아-아프리카 대륙 사람들에게 오늘날 지상천국처럼 인식되고 있음은 우연이 아닌 듯싶다.

앞에서 설명한 쉬르디 사이바바도 3일 동안 유체이탈을 해 보인 적이 있다.

어느 날 그는 제자에게 "나는 알라신에게 갈 예정이다. 사흘 후에 내가 돌아오지 않으면 저 바깥에 있는 성스러운 나무 아래에 내 시신을 묻도록 하라."고 하면서 자신의 육신을 지키도록 당부했다. 사흘이 되기 전에 검시 공무원이 와서 사이바바가 죽었으니 그 시체를 매장하라고 명령했다.

모든 의학적인 검사를 해 본 결과 그가 죽은 것으로 판명됐기 때문이다. 그러나 주위 사람들이 합심해서 시체를 넘겨 주지 않았다. 사흘이 지나 사이바바가 나타났다. 그는 자기 몸속으로 돌아온 후 30년을 더 살다 갔다.

삿띠야 사이바바도 1940년대에서부터 30대 중반 나이였던 60년대까지만 해도 10-20분씩 유체이탈을 자주 했다고 한다. 그가 유체이탈을 하는 동안 육체는 무의식의 혼수상태에 빠지곤 했다. 주위 사람들이 어디 갔다 왔느냐고 물으면 말을 하지 않거나 혹은

“히말라야 산에 갔다 왔다, 또는 멀리 있는 누구에게 다녀왔다.”고 말하기도 했다. 유체가 이탈할 때 육체가 혼수상태에 빠지는 것은 유체이탈 훈련을 받은 사람이면 누구나 경험할 수 있는 일이다.

진묵대사의 이야기는 전설적인 이야기처럼 들리지만, 스스로 세상을 떠나야 할 시기를 알고 자기 의사대로 육신을 떠났는지도 모른다.

제자들이 보는 앞에서 스스로 육신을 벗는 사례는 히말라야 성자들 사이에는 흔한 일이다. 그 옛날 수도자들이 죽음을 극복한다는 말을 할 때 그것은 육신이 영원히 산다는 의미가 아니다. 그들은 자신이 세상을 떠나야 할 적절한 시기를 스스로 결정하여, 의식적으로 자기의사대로 자신의 육신을 떠나 영원한 세계로 간다는 것을 말하는 것이다.

얼굴 못생긴 달마대사

달마대사는 불교인들에게는 널리 알려진 인물이다. 달마대사의 험상궂은 초상화가 요즘은 인간에게 복을 주는 상품으로 변질되어 사람들에게 팔리고 있다. 그렇다면 달마대사는 누구인가.

보리달마(菩提達磨)는 석가의 법맥을 이어온 제28조이다. 중국 선종(禪宗)의 개조(開祖)로 큰 뜻을 품고 뱃길을 이용해 중국으로 건너갔다. 서기 527년으로 알려져 있으나 그의 생몰연대는 밝혀지지 않았다. '역근경(力筋經)'을 지어 훗날 소림권법을 남기게 한 달마대사이다. 그에게는 수많은 에피소드가 전해온다.

그가 처음 인도에서 중국으로 왔을 때, 양나라 황제 양무제(梁武帝)로부터 환대받았다. 양무제는 불교공부를 많이 했을 뿐 아니라 사찰을 많이 지어 중국 불교 발전에 큰 공을 남겼다.

양무제가 달마에게 질문했다.

"나는 절을 많이 세워 경전을 편찬하고, 스님들을 배출시켰습니다. 내게 무슨 공덕이 있습니까."

"아무런 공덕이 없습니다."

"어째서 그렇습니까."

"그것은 분별심을 가진 세속의 공덕이며, 쓰면 없어지는 공덕일 뿐입니다."

양무제는 뭇 백성과 불교신자들로부터 존경을 받고 있는 처지

인데도 달마는 공덕이 없다고 잘라 말했다. 스스로 선한 공덕을 남겼다고 자부하는 것은 진정한 공덕이 아니라는 뜻이다. 그런 거만한 공덕으로는 부처님 곁으로 가까이 간 것이 아니라 오히려 업보(業報)만 잔뜩 만들었을 뿐이라는 것이다. 아무리 큰 업적을 남겼더라도 자랑하는 마음이 생기면 그 공로는 물거품이 되고 만다.

무제가 다시 물었다.

"그렇다면 어찌해야 공덕이 있겠소."

"청정한 지혜는 묘하고 원만하여 본래가 비어 있고, 고요한 것입니다."

"그러면 달마 당신은 무엇입니까." "모르겠습니다."

달마는 무제가 자기 말을 제대로 알아듣지 못하자, 아직 세상에 법을 펼 시기가 아니라고 생각하고 하남성 숭산 소림사로 들어가 9년 동안 면벽수도에 들어갔다.

가, 제자 혜가(慧可)를 얻다

신광(神光)이라는 승려는 머리가 총명했을뿐 아니라 사서삼경과 불경, 주역을 통달해 모르는 것이 없었다. 어떤 사람이 그에게 무슨 질문을 하더라도 막히는 일이 없이 분명하게 답변했다. 모든 것에 막힘이 없다고 생각한 그였지만, 마음속의 근원에 대해서는 정말 알 수 없었다. 어느 날 절실한 심정으로 기도를 하고 있는데 마음속에 한 스승이 나타나 길을 안내해 주었다. 길을 가고 또 가니 어느 산골짝에 이르렀다.

그곳에서 처음 달마대사를 보게 됐다. 달마를 보는 순간, 바로 저 사람이면 내 마음의 답답함을 후련하게 풀어줄 것이라는 생각이 들었다. 그리하여 신광은 달마의 제자가 되기로 결심하고, 가르침을 청했다. 그러나 달마는 신광을 쳐다보지도 않고 면벽수도에만 열중했다.

그러던 어느 날 신광은 그 간절한 마음을 이기지 못해, 눈이 펑펑 쏟아지는 날 하루 종일 달마의 방 앞에서 움직이지도 않고 서 있었다. 밤은 깊어 새벽이 되었다. 눈은 벌써 신광의 무릎 위까지 차올랐다.

신광은 소리쳤다. "스승님, 제발 문을 여시어 이 못난 중생을 인도해 주소서."

그제서야 달마가 방안에서 한 마디 했다.

"부지런히 정진하여 인내하고 또 인내하면서 나를 버리고 또 버려야 하거늘, 그까짓 눈 오는 날 밖에서 하룻 밤을 견디었다고 교만한 마음으로 참 법(法)을 구하려는가. 헛수고일 뿐이다."

신광은 그 말을 듣고 갑자기 허리에서 칼을 뽑아 자기 왼팔을 잘라 스승 앞에 내놓았다. 그것을 본 달마는 "이제 너는 도를 구할 수 있는 마음 상태에 도달했구나." 하면서 신광의 진정한 마음을 인정했다.

신광이 간청했다. "스승님, 제 마음이 편치 못하오니, 편안케 해 주십시오."

달마가 말했다. "좋다. 그러면 네 불편한 마음을 이리 가져오너라. 내가 편안하게 해 주겠다."

"아무리 마음을 찾아 갖다 드리려 해도 그 마음을 찾을 수가 없습니다."

"그래, 그러면 내가 이미 네 마음을 편안하게 해 주었다."

그 순간 신광이 "아차!"하고 섬광처럼 일순간에 깨달음을 얻었다. 바탕 마음의 실체가 무엇인가를 알아차린 것이다. 바로 혜가 스님이 탄생하는 순간이기도 했다. 이 문답이 우리말 안심(安心)이라는 용어가 유래한 그 유명한 '안심법문'인 것이다. 달마는 신광에게 '혜가'라는 법명을 내렸다. 그리고 번쩍한 그 마음이 그의 전부가 되도록 하기 위해 9년을 더 수도하게 한 뒤 법통을 이어 주었다.

혜가는 다시 제자 승찬을 만났다.

승찬이 청했다. "제가 풍병에 걸렸으니, 저의 죄를 참회케 해 주소서." 혜가 왈, "내가 너의 죄를 멸해 주겠으니, 너의 죄를 가져오너라."

"아무리 찾아도 죄를 찾을 수 없습니다."

"이제 그대의 죄는 다 참회되었다."

그때 승찬도 혜가가 그랬던 것처럼 퍼뜩 깨달았다.

달마의 법통은 2조 혜가, 3조 승찬, 4조 도신, 5조 홍인, 6조 혜능(慧能)으로 이어졌다.

혜능은 한국선불교의 대표적인 화두인 시심마(是什摩), 즉 '이 뭐꼬'라는 화두를 남겨 유명하다.

혜능이 대중들에게 물었다. "나에게 한 물건이 있으니 머리도 없고, 꼬리도 없으며, 이름도 없고, 앞뒤도 없다. 밝기로는 해보다도 밝고, 어둡기로는 칠흑보다도 더하니 이것이 무엇인고."

이후 선종은 오가칠종(五家七宗)의 일곱 개 종파로 나뉘어졌다.

나, 달마의 얼굴

달마는 그 명성에 걸맞지 않게 그의 초상화 얼굴은 매우 험상궂은 모습으로 그려져 있다. 눈은 왕방울 눈에, 턱은 주걱턱이요, 코는 주먹코에, 이마는 툭 불거져 나와 있으며, 입술은 앙다물고 긴 수염까지 나 있어, 그런 얼굴 모습에서 무슨 지혜가 나올까 싶을 정도다.

그러나 사실은 현재 알려진 얼굴 모습이 달마대사의 원래 얼굴이 아니라는 것이다. 달마는 인도 향지국(香至國)의 왕자로 태어난 귀공자의 얼굴이었다. 누가 보아도 한눈에 반할 만큼 잘생긴 얼굴이었다. 그는 중국으로 건너와 눈앞에 새롭게 펼쳐진 산천에 반해 있었다. 그가 소림사를 거처로 정하기 전에 여러 곳을 방문했다. 어느 날 길을 가다 잠시 쉬는 동안 깜빡 잠이 들었다. 잠시 눈을 붙인 사이 달마의 유체가 몸에서 빠져나와 천상여행을 했다.

얼마 후 달마는 자기 육신이 있는 곳으로 돌아왔다. 그 자리에는 원래의 자기 몸은 없어지고 다른 사람의 몸이 있었다. 얼굴 모습이 험악해 보였으나 육신으로 살아가는 데는 아무런 지장이 없겠다는 생각이 들었다. 그래서 다른 사람의 육신에 들어가게 된 것이다.

한편 도력을 가진 어느 못생긴 부자가 길을 가다 너무나 잘생긴 귀공자의 모습을 한 달마의 얼굴을 보게 됐다. 그 사람은 자기 몸과 바꾸기로 하고 자기 몸은 남겨놓고, 달마의 몸속으로 유체가 들어가 달아나 버렸던 것이다. 달마의 얼굴에 대한 전설은 여러 가지로 전해 오지만 정설은 없다.

이것은 그 옛날에도 유체를 자유자재로 이탈시켜 멀리 유람을 하는 신선들이 적지 않게 있었다는 것을 설명해 주는 매우 소중한 사례로 남아 있다고 보아야 한다.

미국의 임사체험 연구들

미국 의학계에서는 임사체험(臨死體驗=near death experience) 실험이 활발히 진행 중이다. 마취 환자들이 깨어난 직후 어떤 체험을 했는지를 연구하는 실험이다. 환자에 따라서는 자신의 수술 또는 소생술 광경을 위에서 지켜보았다는 증언이 자주 나온다. 환자들은 마취 상태에서 어떤 수술기구를 사용했으며 간호사들이 어떤 색깔의 옷을 입고 있었다는 등의 증언을 하기도 한다.

　환자가 체외 유리(遊離) 경험, 즉 마취 수술 중 자기 육체 밖으로 빠져나온 경험을 포함한 임사체험을 의사에게 설명한 내용을 적은 글들을 인터넷에서도 확인할 수 있다. 그렇다고 모든 환자들이 임사체험을 갖는 것은 아니다. 그러나 어떤 환자는 기억도 하고 듣기도 한다.

　"빨리 지혈시켜." "이 환자는 가망이 없어." "사람이 어쩌면 이렇게 뚱뚱할 수 있단 말인가."와 같이 의사들이 하는 말도 들린다고 한다. 이런 이야기는 1998년 「영국 마취학 저널」에도 실려 있는 내용이다.

　그렇다면 환자들은 시신경을 육체에 두었는데 공중에서 어떻게 볼 수 있는 것일까. 「마음의 눈」이라는 책에 보면 침대에 누워 있는 자신의 육체를 보았으며, 의사의 얼굴 또는 방의 내부 특징들을 보는 환자도 있다고 한다. 그것은 바로 마음의 눈으로 볼 수 있는 것이다.

　다음에 소개하는 교통사고 환자도 마음의 눈으로 자신의 롤렉스시계를 훔쳐가는 방범대원의 행동을 관찰한 것이다. 우리 몸의 유체는 육체를 떠나면 마음의 눈으로 활동할 수가 있는 것이다.

　불교 정토종(淨土宗)에서는 5세기에서 11세기까지 고승들이 명상을 통해 환영을 받아 적은 정토에 대한 100가지 설명을 수집해 놓고 있다.

어느 교통사고자의 유체이탈

부산시 동래에서 박우찬이라는 40대 중반 남자가 택시에 부딪쳐 정신을 잃었다. 1978년 8월 어느 날 밤 11시쯤이었다. 그때는 밤 12시부터 통행금지가 실시됐다.

한 중소기업 사장인 그는 늘 롤렉스시계를 손목에 차고 다녔다. 시계 값은 그 당시 가격으로 5천만 원짜리였다. 당시 고급아파트 한 채 값을 훨씬 넘는 돈이었다. 그 무렵 우리 사회에는 값비싼 시계를 차고 다니는 졸부들이 더러 있었는데, 반드시 돈 자랑을 하기 위한 사치만은 아니었다. 값비싼 시계를 차고 다니면 여러 가지로 좋은 점도 있었기 때문이다.

그리고 1980년대 말까지만 해도 고급시계는 부자의 상징이기도 했다. 그래서 돈 많은 사람들은 해외여행에서 돌아 올 때는 으레 값비싼 시계를 사왔다. 그 당시만 해도 값비싼 시계의 대명사는 롤렉스시계였다. 2006년 현재 우리 나라 부자의 상징이 누가 얼마나 큰 아파트에서 살며, 그리고 값비싼 아파트를 몇 채나 가졌느냐로 상징되는 것과 비교하면 참으로 격세지감이 없지 않다.

브랜드 가치가 높은 시계를 손목에 차고 다니면 해외여행을 하더라도 갑자기 돈이 떨어졌을 경우 시계를 담보로 잡혀 거액의 여행 경비를 마련할 수도 있었다.

또 하나는 갑자기 밤시간에 길에서 쓰러지거나 뺑소니차에 교통사고를 당해 길가 으슥한 곳에 버려질 수도 있다. 그럴 경우 길가는 행인이 그를 발견했을 때 금딱지 롤렉스시계를 차고 있으면, 그 행인은 "교통사고를 당한 이 사람이 돈 많은 부자이구나." 생각하면서 부상자를 병원으로 데려다 줄 수도 있다는 것이다. 그 결과로 목숨을 구할 수 있는 것이다. 고급시계의 위력은 이처럼 자기 목숨을 살려주는 좋은 도구가 될 수도 있는 시절이었다.

교통사고를 당한 그가 정신을 잃어버리자 택시 운전자는 그를 으슥한 골목으로 끌어다 버리고는 달아났다. 갑자기 자기 몸이 큰 충격을 받자 몸속의 유체가 놀라 몸에서 이탈한 것이다. 유체는 교통사고를 당한 그 시점에서부터 자신의 몸을 병원에 옮겨다 주기까지의 모든 주변 상황을 관찰하고 그것을 모두 기억한 것이다.

유체는 운전자가 자기 육체를 어두운 곳에 갖다 버린 과정뿐 아니라 자기를 다치게 한 택시의 번호까지 다 기억한 것이다. 그리고 버려진 자신의 육체를 병원까지 옮겨다 실어준 사람도 기억할 수 있었다. 병원으로 옮겨준 사람은 밤늦은 시간 이 지역을 담당한 방범대원이었다. 유체가 그 방범대원을 기억한 까닭은 방범대원이 앞가슴에 명찰을 달고 있었기 때문이다.

이 사건을 담당한 수사 당국은 이튿날 정신을 차린 환자로부터 기억한 내용을 모두 진술받아, 택시 운전자와 방범대원의 신원을 확보해 재판에 넘겼다. 택시 운전자는 뺑소니를 한 죄로 징역을

살았다. 그리고 방범대원은 5천만 원짜리 롤렉스시계를 훔친 혐의
로 수사를 받았으나 환자의 생명을 구해주었다는 점이 참작되어
기소유예로 풀려났다. 그러나 피해자 박씨는 자신의 생명을 구해
준 은인으로 생각하고 금일봉을 전달해 줌으로써 방범대원에게
보답했다.

그러면 어째서 이런 일이 가능할까. 박씨는 결코 유체이탈 훈련
을 받은 적도 없으며, 유체이탈에 대해 전혀 알지 못했다. 그러나
그는 그것을 체험했다.

그가 유체이탈을 통해 기억할 수 있었던 것은 유체는 몸에서 빠
져나오더라도 육체 속에 있을 때와 꼭 같이 기억력을 갖고 있기
때문이다. 시신경이 완전한 육체의 눈으로만 볼 수 있는 것이 아
니라 유체, 즉 마음의 눈으로도 얼마든지 볼 수 있는 것이다.

사람이 죽은 뒤 유체가 공중에 떠서 한동안 자기 죽은 몸을 바
라보면서 사람들이 슬퍼하는 모습을 바라볼 수 있는 것도 마음의
눈으로 바라보기 때문이다.

히말라야의 성자들

히말라야 산에는 깨달음을 얻은 성자들이 수없이 많다. 이곳에는 세계의 현존하는 모든 나라의 깨달은 사람들을 합쳐 놓은 것보다 훨씬 많은 성자들이 살아간다. 히말라야의 성자들은 결코 자신이 깨쳤다는 사실을 세상 사람들에게 일체 말하지 않는다.

자신이 깨쳤다는 사실을 세상 사람들에게 알릴 필요를 느끼지 않는 것이다. 그들은 다만 자신을 찾아와 깨침에 대해 배우고 싶다는 간곡한 요청이 있을 때만 깨침에 대해 이야기해 줄 뿐이다. 그리고 그들은 세상 사람들의 눈으로 보면 정말 고독하다고 생각할 정도로 고독하게 살아간다. 그러나 정작 자신들은 한번도 고독하다고 느껴본 적이 없다고 한다. 그들을 고독하다고 생각하는 것은 세상 사람들의 잣대일 뿐이다.

세상 사람들이 그들을 고독하다고 생각하는 것을 그들은 오히려 더 불쌍하게 여긴다. 성자들은 찾아오는 사람이 있던 없던 늘 행복하게 살고 있는 것이다. 그들은 누군가 음식을 가져다주지 않더라도 스스로 먹을 것을 해결한다.

사실 히말라야 산속은 사시사철 추운 곳이다. 그런 추운 곳에서도 작은 동굴을 자신의 집으로 삼고 살아가는 것이다. 그들은 햇빛이 나는 낮에는 눈을 뚫고 나오는 갖가지 산나물들을 캐기도 하고, 자신들에게 필요하다고 생각하는 약초를 채취하기도 한다.

그들의 일상생활은 명상을 하는 것이다. 아무리 깨친 사람이라 하더라도 하루라도 기도하지 않으면 자신의 영혼을 더럽히게 된다. 늘 맑은 정신으로 자신을 돌보지 않으면 그들의 영혼은 퇴보할 수밖에 없는 것이다.

이에 비해 오늘날 세속에 살면서 자신을 스스로 깨쳤다며 큰소리치는 사람 가운데는 자신을 가다듬는 일에는 오히려 게을리하는 경우가 많다. 그렇게 된 까닭은 깨쳤다고 소문이 나면 많은 사람들이 서로 배우겠다고 나서는 바람에 기도하면서 자신을 추스를 시간이 없을 뿐만 아니라 돈벌이에 맛을 들여 스스로 자신을 위한 영적 수행을 포기하기 때문이다.

그러나 히말라야의 성자들은 결코 자신의 영달을 위해 돈을 버는 따위는 절대 하지 않는다. 그야말로 나물 먹고, 물 마시면 그것으로 족하다고 생각하면서 안분자족(安分自足)의 생활을 한다. 이 얼마나 성스러운가.

성자 1) 불을 뿜는 수도사

히말라야에서 수도하는 랑담이라는 스와미가 말했다

"너는 스승 밑에서 시간과 정력을 낭비하지 말고 내 밑으로 들어오너라. 그러면 나는 너에게 불을 뿜는 것뿐만 아니라 진정한 지혜도 가르쳐 주겠다."

그 말을 들은 방문자는 마음이 흔들려 자기의 스승 곁을 떠나기로 작정했다. 그래서 스승께 여쭈었다.

"스승님, 스승님보다 훨씬 뛰어난 분을 만났습니다. 저는 그분의 제자가 되고 싶습니다."

"그래, 그것 잘됐군. 너만 행복하면 되지. 그런데 그 사람은 무슨 일을 하더냐."

"예, 그분은 입에서 불을 뿜어낼 수 있는 놀라운 능력의 소유자입니다."

"그러면 나를 그에게 데려가 다오."

다음날 아침 제자는 스승과 함께 그 스와미를 만났다.

그런데 그 스와미는 그들을 향해 큰 절을 올렸다. 제자는 그만 깜짝 놀라고 말았다. "스승님 그를 알고 계십니까." 하고 스승께 물었다. "물론이지."

스승께서 그 스와미에게 물었다.

"너는 여기서 무얼 하고 있느냐."

"스승님, 저는 여기서 입에서 불을 뿜어내는 기술을 터득했습니다."

스승이 제자에게 말했다 "애야, 스와미에게 그 기술을 터득하는 데 몇 년이나 걸렸는지 물어 보아라." 스승의 분부대로 제자가 그에게 물어보자 그는 허풍을 떨면서 대답했다.

"나는 이것을 통달하는 데 20년이 걸렸소."

이 말을 듣고 있던 스승께서 말씀하셨다.

"이 멍청한 사람아. 성냥으로 불을 켜면 1초도 걸리지 않는데, 너는 20년을 허비했단 말이냐."하고 꾸짖었다.

제자는 그때서야 비로소 알게 됐다. 그런 능력은 열심히 수도하는 사람에게 나타나는 하나의 징표에 불과할 뿐이라는 사실을 알게 된 것이다. 그러한 능력은 오히려 도(道)공부를 하는 데는 큰 장애물이라는 사실을 뒤늦게 깨닫게 된 것이다.

성자 2) 뭉칫돈을 마다한 카롤리 바바

히말라야의 나니탈 언덕 여기저기를 떠돌아다닌 님 카롤리 바바라는 성자가 있었다. 어느 날 인도에서 몇 번째 가는 부호가 큰 돈뭉치를 가지고 그를 찾았다.

"선생님, 이 돈을 당신께 드리겠습니다."

그러자 바바는 지폐 뭉치를 받아 바닥에 깔고 앉으면서 말했다.

"이 돈은 방석으로도 적합치 않고, 화로가 없으니 땔감으로도 쓸 수 없고…… 나에겐 아무 쓸모가 없으니 이걸 가지고 무엇을 할까."

부자가 소리를 지르면서 "선생님, 그것은 돈입니다." 했다.

그러자 바바는 그 돈을 돌려 주면서 과일이나 사탕을 사달라고 했다.

"선생님, 여기는 시장이 없습니다." "그렇다면 그것을 돈이라고 할 수 있겠는가. 찾아 온 이유가 무엇인가." "저는 지금 두통으로 고생하고 있습니다. 두통을 낮게 해 주십시오." "좋아, 이제부터 두통은 곧 사라질 것일세. 그러나 앞으로 자네는 자네가 살고 있는 지역전체에 큰 두통거리가 될 것이야."

과연 그는 바바의 예언대로 지역 사회에 큰 고통을 안겨 주었다.

누군가 그를 찾아오면 바바는 이렇게 말하곤 했다.

"자네는 어느 날, 어느 때, 어떤 사람과 함께 나를 욕했었지." 하고 정확한 날짜와 시간을 대고는 "이제 나를 보았으니 그만 가라, 가라, 가라."고 말한 뒤 명상에 잠기는 것이었다.

그러나 그는 배가 고픈지 배가 부른지조차 구분하지 못했다. 어떤 날은 제자가 지켜 보는 가운데 이집 저집을 돌아다면서 하루에 40차례나 음식을 먹었다고 한다. 그는 제자가 "선생님, 너무 많이 잡수셨습니다." 하면 "오, 그랬던가." 했다. 또 "선생님, 식사하십시오." 하면 그럴 때마다 몇 번이라도 거절하지 않았던 것이다.

그처럼 육신이 영혼의 지복(至福=더 없는 행복) 속에 잠긴 사람은 음식을 먹었는지 안먹었는지를 알수 없을 정도로 욕심이 전혀 없으며, 어린 아이와 같은 모습을 보이는 것이다.

성자 3) 벌거숭이 라마나 마하리쉬

훗날 성자가 된 스와미 라마가 히말라야 곳곳을 순례하며 성자들을 찾아다녔다. 그는 인도 경전 「우파니샤드」에 쓰여진 '궁극적 실재'란 말을 이해할 수 없었다. 앞뒤의 말들이 모순투성이로 보였기 때문이다. 많은 학자와 성자들을 만나 보았지만 만족스런 대답을 들을 수 없었다. 그래서 히말라야 산속으로 200km 이상 들어간 곳에 사는 라마나 마하리쉬를 찾아갔다.

그는 늘 옷 하나 걸치지 않은 완전한 나체 생활을 하고 있었다. 그 훗날 삿띠야 사이바바가 찾아갔을 때도 나체로 있었다고 한다. 생전에 현대 인도의 뛰어난 성자로 추앙받았던 마하리쉬는 사이바바를 신의 화신이라고 인정해 준 성자였다.

라마가 "우파니샤드에 대해 알고 싶습니다."라고 물었다.

마하리쉬는 "먼저 엎드려 내게 절을 해라. 아집이 부풀대로 부푼 상태에서 어떻게 우파니샤드의 미묘한 진리를 배울 수 있겠느냐."고 했다. 라마는 절을 하기 싫어서 그만 그곳을 떠나고 말았다.

그러나 그 후 다른 사람들에게 우파니샤드 이야기를 할 때마다 한결같이 마하리쉬에게 가서 물어보라는 충고를 들었다. 라마는 마하리쉬를 만나기가 두려웠다. 몇 번이나 그가 머물고 있는 작은 동굴에 갔다 되돌아오곤 했다. 그러던 어느 날 마하리쉬가 라마를 불렀다.

"이리 와서 앉아라. 배가 고프지. 나하고 함께 먹지 않겠느냐." 면서 라마에게 마실 것을 주었다. 그리고는 "이제 가거라. 너하고 보낼 시간이 없구나."했다.

"선생님, 저는 음식보다는 영혼의 양식을 구하고 싶습니다." "너는 아직 준비가 되지 않았다. 너는 마음 속으로 나를 시험하고 싶은 거다. 진실로 배우고자 마음의 준비가 되거든 나에게 오너라."

다음 날 라마는 마음을 가다듬고 다시 마하리쉬를 찾아갔다. 그때서야 우파니샤드에 대해 체계적으로 설명해 주었다. 라마는 우파니샤드의 가르침에는 아무런 모순도 없다는 그의 자세한 설명을 듣고 모든 의문들이 눈녹듯이 사라져 버렸다.

성자들은 겸손하지 않은 질문자에게는 결코 대답을 해 주지 않는다.

"명상 수련자들은 맨 처음 진리는 변하지 않지만 현상계의 모든 존재는 무상하다는 것을 알게 된다. 그 다음에는 영원히 변하지 않는 절대 실체가 존재한다는 것을 깨닫게 된다. 다음 단계에서는 진리는 오직 하나이며, 만유(萬有) 속에 편재해 있으며, 오직 단 하나의 궁극적 실재(실체)만이 존재한다는 깨달음에 이르게 된다."

"그대는 4가지를 완성하지 못했다. 먼저 신을 알고, 신을 만나려는 간절한 열망을 품어라. 둘째는 자신만을 위해 사물을 소유하려는 이기적인 마음을 버려라. 셋째 탐욕과 분노와 어리석음을 버려라. 넷째 규칙적으로 매일 명상을 수련해라. 이 4가지를 마치고 나면 완성의 경지에 이를 것이다."

성자4) 어느 영국인의 히말라야 여행

영국 맥도날드 가문의 베인이라는 사람이 1930년대 티베트와 히말라야 등지로 영적 여행을 나섰다. 그는 거기서 수많은 영적 스승들을 만나 득도의 경지에 이르렀다. 1887년생인 그는 그 후 세계 각지를 돌아다니면서 병자를 치료하고 진리를 설파하면서 5

권의 저서를 남겼다.

그는 6세 때 큰 병을 앓던 중 어느 날 갑자기 "일어나라, 밖으로 나가 뛰어놀아라."라는 영적 소리를 듣고 병이 말끔히 나았다. 그날 이후로 아주 높은 곳에서 뛰어내려도 중간에서 일단 멈추었다가 천천히 떨어져 발끝으로 사뿐히 땅에 내려서는 기술을 터득하게 됐다. 그의 엉뚱한 행동에 부모의 걱정은 말할 것도 없고 본인도 은근히 걱정이 되었다고 한다.

영국 의과대학에서 공부를 마친 그는 인도여행을 여러 번 반복하면서 영적인 목마름을 추구해 나갔다. 1차대전 때 종군을 마치고는 전 세계의 유적을 둘러보면서 병자들을 치료해 주기도 했으나 마음에 채워지지 않는 무언가가 남아 있었다. 그런 어느 날 어떤 영적인 사람이 홀연히 자기 앞에 나타나서 "그대는 아프리카로 가라. 거기서 다시 인도로 가게 될 것이다."라는 말을 남기고 홀연히 사라졌다.

아마도 위대한 성자가 그에게 유체이탈 상태로 나타나 그렇게 말했을 것이다. 그 후 그는 티베트, 인도, 히말라야 등지를 다니면서 수많은 성자들의 가르침을 받아 깨달음의 경지에 도달했다.

그는 마지막으로 인도에서 한 스승을 만나 히말라야의 6000m 높이의 어느 계곡으로 한 은자를 찾아갔다. 그 은자는 거기서 속세의 사람을 만나기는 베인 일행이 처음이라며 많은 것을 가르쳐 주었다.

“자, 내일부터는 영체이동(靈體移動)을 익히도록 하자. 내일 새벽에는 저 고개 위에서 소용돌이치며 떠오르는 정말 아름다운 태양의 모습을 보도록 하게나.” 이곳의 일출과 일몰은 세계 어느 곳에서도 볼 수 없는 참으로 장관이다. 마치 거대한 무지개의 일곱 색깔이 그대로 투명한 막이 되어 있고, 하얀 눈에 너울거리는 금백색의 장관은 혼을 빼앗아가고도 남을만 한 곳이다.

“자, 이제부터 영체이동 공부를 시작하자.” 은자를 따라 동굴안으로 들어갔다. 드러누워 온몸에 긴장을 완전히 이완시키라고 했다. 얼마 지나지 않아 몸은 점점 황홀상태로 들어갔다. “육체를 버려라.”

은자의 말이 들렸다. 그는 그대로 따라했다. 그러자 자신의 육체 위로 떠오르는 느낌이 들었다. 그는 바닥에 누워 있는 자신의 육체를 내려다 보면서 자신이 육체에서 풀려나 있다는 사실을 확인했다.

“그대는 아무 것도 두려워 할 것이 없다. 두려워하는 순간 그대는 원래 육체 속으로 돌아가 있을 것이다.”

그는 전혀 다른 세계의 정적을 느꼈다. 은자의 말이 들려왔다.

“지금 그대는 영체로서 있다. 그대가 가고 싶은 곳이나 만나고 싶은 사람을 생각해 보라. 그러면 순간에 그대는 이미 거기에 있을 것이다.” 그는 그대로 해 보았다. 정말 그는 원하는 장소에 가 있었고, 사람들이 하는 행동을 자세히 볼 수 있었다. 육체 속에 있지 않은데도 실제로는 그들과 함께 내 몸도 그곳에 섞여 있는 것

같은 느낌이 들었던 것이다. 한참 동안 그렇게 바라보고 있는데, 은자의 목소리가 들렸다.

"자, 이제 스스로의 의지로 거기를 떠나 돌아오라." 시키는 대로 그가 본 것을 기억한 채로 자신의 육체 속으로 돌아왔다. "그대의 기억이 바로 그대의 두뇌이며 그 육체의 두뇌를 지나 영체의 두뇌에까지 이르고 있음을 알았을 것이다. 그대 육체와 다른 또 하나의 몸이 있는 것이며 거기에도 또한 기억이 있는 것이다." 은자는 그에게 영체이동의 소질을 가지고 있다고 칭찬했다.

영체이동을 터득한 그는 먼 곳에 있는 다른 사람들 앞에 순간적으로 나타나 자신의 육체를 보이게 함으로써 그들이 놀라 기절하게 하는 경우도 생기게 되자, 그 뒤부터는 자신의 모습만은 보이지 않도록 했다고 한다.

은자는 '결코 호기심으로 영체이동을 해서는 안 된다.'고 강조했다. 다른 사람의 어려움을 도와주기 위해서만 영체이동을 사용해야 한다고 주의를 주었다. 그는 현재의식을 가진 상태에서도 자유롭게 영체이동을 할 수 있게 됐으며, 영체이동을 통해 다른 사람의 질병을 이유할 수 있게 됐다.

은자는 영체이동을 통해 질병이 치유되는 과정을 이렇게 설명했다.

"그대가 기를 주게 되면 먼저 상대가 마음으로 강한 인상을 받게 된다. 그 인상이 신경계통을 통하여 잠재의식의 작용을 불러일으키고, 신진대사를 하는 세포나 분비선에 영향을 미친다. 그러면 육체의 세포 전체가 활발해진다. 기적적인 치유는 이렇게 해서 이루어지는 것이다."

그는 "참으로 이 은자야말로 이 시대에 가장 높은 현자이시다."라는 감동을 받고 하산한 뒤 각국을 순회하면서 인류 구제에 나섰다.

　마음수련을 하다보면 진리에 대한 의문이 꼬리를 물고 일어난다. 그러나 어디에서도 속시원한 해답을 찾을 수 없다. 이 책은 그런 의문들에 대한 명쾌한 해답을 주게 될 것이다.

　수행을 하다 보면 처음 몇 가지는 스승들로부터 들어서 알겠는데 차츰 깊이 들어가면 갈수록 온갖 의문의 깊이도 심화되기 마련이다. 그렇지만 그런 것을 스승에게 물어보아도 명확한 대답을 들을 수 없을 경우가 적지 않다.

　그래서 나 역시 수행생활을 하면서 많은 의문들에 대해 나 자신의 경(經)에게 되물어보는 일이 잦아졌다. 처음에는 경에 내가 읽혔지만 차츰 스스로 경이 되어가는구나 하는 느낌을 받기 시작했다. 사실 여러 경전들에 수록된 거룩한 말씀들도 모두 선지식(善知識)들이 명상을 거듭한 끝에 나온 진리의 말씀일 뿐이다. 그러므로 누구나 마음공부를 열심히 하는 사람은 스스로 훌륭한 경전이 될 수 있다는 점을 강조하고 싶다.

　이 책에서 소개하고 있는 1, 지구점 수련법 2, 법륜불 수련법 3, 불법석 수련법 등은 대각자(大覺者) '시일주인(示一主仁)' 박영만(朴英滿)님이 누구나 쉽게 깨닫게 하기 위해 창안한 내용이다. 법륜불과 불법석 수련법은 지금까지 공개하지 않았던 내용이지만 본인에게 세상에 널리 알려질 수 있도록 공개를 허락한 것이다. 박영만 님께 진심으로 감사드린다.

　이들 수련법은 스승의 지도를 받을 때 더 효율적이라는 점을 이해하기 바란다. 그러나 혼자서라도 참된 마음으로 정성을 다해 수련에 임한다면 누구나 쉽게 깨달아 부처가 될 수 있을 것으로 믿는다. 그리고 지구점 수련법은 본인의 저서 "누구나 쉽게 깨닫는다"에 자세히 수록했다.

　이 책을 쓰기 위해 여러 문헌을 참고했음도 아울러 밝혀 둔다. 「법공양」(불교신행연구원), 「삼일신고」(최동환 지음), 「우파니샤드」(이재숙역), 「스푸크」(파라북스), 「긍정의 힘」(두란노), 「세계 종교 둘러보기」(오강남 지음), 「우주로부터의 귀환」(청어람미디어), 「수리학으로 본 사후세계」(윤직홍 지음), 「히말라야의 성자들」(박광수, 박재원 역), 「티벳의 성자를 찾아서」(박영철 역), 「기적의 성자 사이바바」(심은섭 역), 「21세기 신화 우주초염력」(정명섭 지음)……등 여러 책의 도움을 받았다.

　독자 여러분께 감히 말씀드린다. 이 책은 여러분의 투자액 이상으로 건더기를 건질 수 있는 책이라고 자부하고 싶다. 이 책에는 여러 경전 가운데도 그야말로 핵심적인 내용을 포함하고 있기 때문에 마음수련과 관련된 책 수백 권을 읽는 것보다 더 알찬 내용이 담겨져 있다는 점을 강조하고 싶다.

　부디 이 책을 통해 내 속에 신이 임재하고 계신다는 점을 터득하는 동시에 우리가 사는 여기가 바로 천국임을 인식하시고 늘 천국의 삶을 살아가시기 바란다.

■ 시일수념원

마음수련을 해 봅시다

"사람은 무엇을 위해, 어디로 와서, 어디로 가고 있을까. 그리고 하느님은 누구일까." 이것은 동서고금의 인류가 수천년 동안 끊임없이 질문하는 인류 최대의 화두입니다.

그 해답을 찾기 위해 사람들은 종교에 귀의하고, 산 속의 도인을 찾아 헤매곤 합니다. 그러나 아무리 불경과 성경, 경전들을 뒤진들 의문을 속시원하게 풀 수는 없습니다. 이 얼마나 안타까운 일입니까.

여러분, 이제 그 해답을 시일수념원에서 찾으세요.

마음을 깨끗이 닦으면, 행복을 느끼고, 하는 일들이 순조롭게 풀릴 것입니다. 마음수련을 참마음으로 하게 되면, 모든 생활 습관이 좋은 쪽으로 바뀌고 '나'만 생각하는 에고(자만심)에서 벗어나 남을 배려하면서 봉사하는 삶을 살 수 있습니다.

이 얼마나 멋진 일입니까. 마음수련은 참 나, 즉 진아(眞我)를 찾게 해줍니다.

연락처; 02-458-7474. 휴대폰; 011-829-1304
시일수념원; 경북 울진군 기성면 다천2리 다천초등학교

명·상·수·련
누구나 쉽게 부처된다

초판 1쇄 · 2006년 6월 15일
지은이 · 김건이
편집장 · 박옥주

편집인 · 안종완
발행인 · 박종현
발행처 · 세계문예

등록/1998년 5월 27일(제7-180호)

주소/ (132-033) 서울시 도봉구 쌍문3동 315-402
대표☎:995-0071 영업부:995-0072 팩스:904-0071
편집실:995-1177 주간실:995-0073

e-mail | adongmun@naver.com
e-mail | adongmun@hanmail.net
Homepage | adongmun.co.kr
아동문예

ISBN 89-88695-59-3